パラダイムシフトと日本の針路

―動乱の世界を生き残れるか―
外交ウオッチャーの目

鍋嶋敬三

三省堂書店／創英社

目次

第Ⅲ部 日本の安全保障戦略…233

本書を第2次世界大戦中に東京からの疎開、
空襲で焼け出された戦後の大混乱期に困難を極めた
日々の生活の中で兄弟3人を育て上げ
教育を授けて社会に送り出してくれた
父（達）と母（豊）の御霊に捧げる

序文

1　パラダイムシフトの号砲

21世紀は世界秩序の「パラダイムシフト」（枠組みの転換）が顕著になったことで歴史に刻まれるだろう。それはまさに世紀明けの２００１年に始まった。９月11日の米国本土中枢に対する同時多発テロ事件である。国際テロリスト「アルカーイダ」の19人が民間航空機４機をハイジャック、ニューヨーク市の世界貿易センタービル２棟や国防総省などに突入した自爆攻撃だ。日本人24人を含め２９７７人が瞬時に犠牲になった。全米の空港が直ちに封鎖された。私はちょうど対日平和条約締結50周年記念で日米の有識者が組織した国際会議の行事に参加するため、条約調印地のカリフォルニア州サンフランシスコ市に滞在しており、その朝は帰国直前だった。全米の空港閉鎖で私たち夫婦は長女および孫娘ともども日本に帰ることができなくなってしまった。

日本では神戸在勤中の次女夫妻も数日後に予定していた米大学の同窓会への出席がかなわなくなった。ホワイトハウス近くの国際機関に勤務中だった長男は退避しようにも道路は逃げようとする人々の車で大渋滞、東京の地下鉄サリン事件を思い出して「テロ攻撃なら地下鉄も危険だ」と、自宅まで２時間歩くことに。途中、ペンタゴン（国防総省）ビルから煙が上がっているのを目撃した。ここにもテロリストが航空機を突っ込ませたのだ。米国の大都市が戒厳令下に置かれたように、自動小銃を構えて大型の警察犬シェパードを連れた重武装警官以外に人の姿が見えない「死の街」と化した。その恐怖と緊張に包まれた数日間の記憶は終生忘れられない。我が家の家族一人一人が「歴史の証人」になったのであった。

米議会上下両院の情報委員会は合同調査報告書で「米国は60年前の日本による真珠湾攻撃（1941年）と同様に地球規模の戦いに引きずり込まれたのだ」と国際テロリズムの脅威に警鐘を鳴らした(1)。「これはアメリカに対する宣戦布告だ」という強烈な危機意識であった。真珠湾は太平洋上のハワイの島であったが、今回はアメリカ大陸本土初の、しかもニューヨーク市の中心部への攻撃であったから米国民が受けた心理的ショックは深刻なものがあった。この事件は当時唯一の超大国・米国を震駭させただけでなく、中国をはじめとする新興国の急速な興隆によって、第2次世界大戦後に米国が主導してきたリベラルな国際秩序への挑戦、即ちパラダイムシフトの号砲となった。

米国のドナルド・トランプ大統領が2017年に発表した「国家安全保障戦略2017」（NSS2017）は米国に対する主要な挑戦として、①中国とロシアの修正主義（現状変更主義）、②イランと北朝鮮、③テロリストなどの国境を越えた脅威―の三つを挙げた。特に中国については「インド太平洋地域で米国に取って代わろうとしており、「中国に有利なように地域を再編しようとしている」と危機感をあらわにした(2)。トランプ政権を引き継いだジョー・バイデン政権は「国家安全保障戦略（NSS2022）」で中国を「国際秩序を作り替える意図を持ち、ますます経済、外交、軍事、技術の力を備えた唯一の競争相手」と表現を強めた(3)。米国自身も「世界の警察官」としての役割を放棄（バラク・オバマ大統領）、さらに「米国第一主義」（トランプ大統領）による多国間協調主義への決別によって、超大国としての責任を省みず世界の多極化、不安定化に拍車を掛けた。

21世紀の世界の覇権を争う米中対立の激化の最中、2022年2月24日始まったウラジーミル・プーチン大統領のロシアによるウクライナ侵略は多数のウクライナ国民の犠牲者、数百万人規模の避難民を生む長期戦争となった。ウクライナを支援する北大西洋条約機構（NATO）は12年ぶりに改訂した「戦略概念2022」でロシアを「最大で直接的な脅威」と位置付けた(4)。しかも、米欧の制裁を受けるロシアは中国との戦略的連携を強化、日米欧との「体制間競争」が激化した。第2次世界大戦以来の大規模な欧州での戦争はアジア、中東、アフリカや中南米を含む国際社会を分断し、エネルギー、食料危機など世界経済に混乱を巻き起こした。パラダイムシフトは新たな局面を迎えた。世界はどこへ向かおうとしているのか？

二つの世界大戦の惨禍を超えて統合が進んできた欧州でも英国の欧州連合（EU）からの離脱（Brexit）、財政、経済、外交政策を巡る結束の緩み、中東からの難民や世界的大流行（パンデミック）となった新型コロナウイルスの感染拡大を防ぐための国境閉鎖、大衆迎合主義（ポピュリズム）の蔓延などによって分断と混迷を深めた。

アジアでは中国の経済的影響力が強まる一方で、米国の後退が重なり、米中対立の狭間で経済力の弱い「グローバルサウス」と呼ばれる新興・途上国群は両国との距離を測りかねている。1世紀前の世界大恐慌以来、最悪の世界経済後退の圧力は地球全体に暗い影を落としている。東南アジア諸国連合（ＡＳＥＡＮ）は地域統合の推進を目指しながらも、「全会一致」の原則に自ら縛られる結果、南シナ海問題やミャンマーの軍事政権への対応をめぐって政治的に有効な統一歩調をとることが難しくなった。経済統合も加盟国間の経済力の格差から遅々として進まない。中東は20世紀後半以降に限ってもソ連のアフガニスタン侵攻、イラン革命、湾岸戦争、アフガニスタン戦争、イスラム過激派の活動、パレスチナ紛争など米国の指導力低下と中国の影響力拡大で混迷が長期化している。

2　歴史的転換期の国際社会

不安定性と不確実性があらわになった21世紀世界は歴史的転換期にある。東西冷戦が終わったから世界が平和になったわけでは全くなかった。冷戦に敗れてソ連が瓦解した後、かつての東側陣営の盟主・ロシアは権威主義体制を確立したプーチン大統領の長期政権の下、２０１４年に「失地回復」を目指してＮＡＴＯに加盟していなかったウクライナからまずクリミア半島を武力併呑した。あからさまな他国の主権侵害の国連憲章違反である。これに対してオバマ政権やトランプ政権の米国、さらに地元の欧州は何ら有効な対抗手段を取ることができなかった。それを米欧の弱さとみた「プーチンのロシア」に8年後のウクライナ本土侵略に踏み切らせたのだ。危機感を募らせたフィンランド、スウェーデンは軍事的中立主義を捨ててNATO加盟申請に踏み切った。2023年4月のフィンランド加盟実現でNATOとロシアは米ソ冷戦以来、再び軍事境界線・国境を接した。スウェーデンも同年7月のNATO首脳会議を機にトルコの反対撤回で加盟への道が開けた。ロシアの飛び地・カリーニングラードにあるバルト海艦隊はNATOに包囲されることになった。ウクライナの「将来の加盟」も再確認された。NATO東方拡大を阻止しようとウクライナに攻め込んだプーチン大統領の大誤算である。

「中華民族の偉大な復興」という「中国の夢」の実現を目標に掲げ、「富強国家」を目指す習近平国家主席に権力を集中させてきた中国共産党政権は50年間の「一国二制度」を約束した英国との香港返還協定（1997年）を早くも無視して香港の事実上の統合を実現した。2020年6月30日に中国の法律を香港法に優先させる香港国家安全維持法を施行、一国二制度を形骸化させた。「台湾統一」を視野に入れた動きである。

さらに中国はアジア、太平洋地域の中小国、弱小国に対しては返済不可能な巨額の融資を提供して「債務の罠」に陥らせて、そのかたに重要な港湾の独占的権利を獲得している。スリランカのハンバントタ港はその好例だ。99年間という長期使用契約は英国が二度のアヘン戦争の結果、植民地化した香港・新開地区の99年間租借権そっくりではないか。

世界経済の大動脈である南シナ海を独自の「九段線」で囲い込み、国際法違反の「内海化」を進める中国はベトナム、フィリピンなど6ヶ国・地域が係争中の岩礁を埋め立てて軍事基地化を推し進めた。しかも、インドを包囲するようにミャンマー、パキスタン、モルディブなどインド洋の要衝に拠点を構築している。そこは軍事的な戦略拠点になり得る。中国はアラビア半島に面し、スエズ運河を経由して紅海からアデン湾に抜ける東アフリカの要衝・ジブチに2017年、初の海軍基地を建設した。アジアから中東、ヨーロッパへと伸びる海陸の新シルクロードである「一帯一路」構想を支える経済権益を守るための軍事進出であり、安全保障も含めた長期の「ユーラシア戦略」に基づくものだ。

3　迫り来る安保危機

日本を取り巻く安全保障環境は21世紀に入ってますます厳しくなっている。四方を海に囲まれているから日本は安全だという「神話」は核兵器を装備した弾道ミサイルやサイバー攻撃が存在しなかった時代のことである。中国やロシアは核兵器国である。中国は核兵器を急速に増強しており、核開発を進めてきた北朝鮮は既に核爆弾を保有し日本に届く中距離弾道ミサイル「ノドン」や「スカッド」を実戦配備済みなのだ。日本は既にこれら核の脅威にさらされているのである。

領土・領海への主権侵害は第2次大戦の敗戦直後から続き、ロシアは北方四島（北海道）を、韓国は竹島（島根県）を不法に軍事占領している。中国は東シナ海の尖閣諸島（沖縄県）に対する主権を海底石油の埋蔵が伝えられた1970年代になってから主張しはじめ、海警局の公船（巡視船）が長期にわたって恒常的に領海や接続水域へ侵入を繰り返す「常態化」で「主権」の主張を国際的に認知させようとしている。「海警」の活動の背後に人民解放軍が待機しているのは常識である。公船も大型化・重装備化し、日本側の防備に隙あらば漁民に偽装した海上民兵が上陸して「実効支配」を狙う姿勢がはっきり見てとれる。

尖閣諸島への恒常的な軍事圧力は目と鼻の先にある台湾への武力侵攻作戦をにらんだ戦略的な布石ととらえるべきである。「台湾危機」が現実のものとして現れたのが、ナンシー・ペロシ米下院議長ら米議員団の台湾訪問（2022年8月）に際しての中国軍による台湾包囲の大規模軍事演習だった。弾道ミサイル「東風」5発が日本の排他的経済水域（EEZ）に落下した。台湾侵攻を想定し、尖閣を含む南西諸島を戦域とする軍事作戦の予行演習である。

25年以上続く北朝鮮の核・ミサイル危機は米朝首脳会談にもかかわらず実質的進展はなかった。鳴り物入りで喧伝された首脳会談はトランプ大統領の再選をにらんだ「政治ショー」に過ぎず、それを読んだ金正恩委員長にまんまと利用されたのだ。北朝鮮はこの間に核・ミサイルの技術開発を進め、日本への直接的な軍事脅威は増すばかりである。日本人拉致問題も未解決のままだ。北朝鮮問題は核拡散、将来の朝鮮半島の平和構築とも絡んでアジア全体の安全保障にかかわる問題であり、日本は死活的に重要な戦略課題として取り組まなければならない。

日本政府は自衛隊と日米安全保障条約に基づく米軍の支援によって国土を守ることを基本にしてきた。日本国憲法で自衛隊の存在を認めず、「専守防衛」を国防の基本に置き、敵に攻撃を思いとどまらせる「抑止力」を軽視したから、強まる一方の周辺諸国からの脅威に対応できる国防態勢は脆弱なままに捨て置かれてきた。第2次安倍晋三内閣の下で2016年になってようやく一定の条件の下で集団的自衛権の一部行使を容認する憲法解釈の安全保障関連法制が施行された。これで日本防衛のため「核の傘」を提供する米国の拡大抑止を担保する最小限の法的基盤ができた。

岸田文雄内閣は2022年12月16日に国家安全保障戦略を9年ぶりに改訂する閣議決定をした。合わせて国家防衛戦略と防衛力整備計画も決定した（安全保障3文書）。インド太平洋地域に「歴史的なパワーバランスの変化」が生じていることに注目、日本を取り巻く「戦後最も厳しい安保環境」に対応するため、敵を攻撃できる反撃能力の保有や米国との統合抑止などを戦略の柱として、防衛力の抜本的な強化を打ち出した画期的なものである。自立した防衛態勢の構築が東アジアの脅威への対処力を高める米国との統合抑止を強化する。「戦後の安保政策の大転換」が強力な日本外交には不可欠という認識に立つ[5]。（新国家安全保障戦略については第7章で取り上げる）。

安倍政権は「自由で開かれたインド太平洋」構想を外交の基本方針に掲げた。後継の菅義偉、岸田文雄政権もこれを継承してきた。自由な貿易と投資システムの維持、発展、そしてそれを可能にするため海上保安、サイバー空間を含めた防衛力の強化、経済安全保障対策など日米同盟関係の強靱化による安全保障環境の整備が欠かせない。日本の防衛戦略は日米安全保障条約、米国の「核の傘」を前提に組み立てられている。トランプ大統領は米国を守らない日米安保条約は「不平等だ」と本音を口にし、在日米軍の撤退を脅しに米軍駐留費の4倍増を要求してきた。トランプ大統領に解任されたジョン・ボルトン大統領補佐官（国家安全保障担当）は回顧録の中で、大統領が日本に対して4倍の年額80億ドル（当時の為替レートで8400億円）を要求したことを日本政府に伝えたことを暴露した(6)。米国による「一方的な負担」に対する不満、日本をはじめ米軍が駐留する同盟国に対する大幅な負担増の要求はこの政権が初めてではない。予算権限を握る米国の議会には底流として「安保ただ乗り」という対日不満が数十年間蓄積され、日米経済摩擦とともにたびたび表面化してきた歴史がある。

日本が同盟国であっても尖閣諸島のような無人島のまま放置されている島への敵の侵攻に対して、大国との核戦争に発展するような核抑止力を使ってでも同盟国のために反撃するのか、という「センカク・パラドックス」(7)と本の題名にも使われた戦略的ジレンマは常にアメリカを悩ませてきた。著者のマイケル・オハンロン氏は米国の国際安全保障・核戦略問題の専門家として著名だが、著作の題名に「尖閣」を使ったことが日米安全保障体制の盲点をずばり突いている。米国はたびたび尖閣諸島への日米安保条約第5条（日本防衛）の適用を公式文書で確認している（2023年1月13日日米首脳会談の共同声明など）。しかし、西太平洋における米中軍事バランスは中国有利に逆転しつつある。中国の設定する第二列島線上にある米領グアム島の「共同防衛」を米国が求めてくる可能性も将来あるのではないか。「60年安保」とは逆に、今度は米国側から「不平等条約の改定」による相互防衛の要求が突き付けられることも日本は覚悟しておかなくてはならない。日本国民にそれを受けて立つ用意はあるのか。

4　多国間主義への期待

保護主義の波が世界に押し寄せてきた頃、日本は2018年末から翌年初頭にかけて環太平洋経済連携協定（TPP）、日本・欧州連合（EU）経済連携協定（EPA）を相次いで発効させた。前者は12ヶ国で合意していたが、トランプ政権が発足と同時に離脱を宣言したため、安倍晋三政権が文字通り奔走、主導権をとって11ヶ国で改めて合意に持ち込み、包括的・先進的TPP（CTTPP）として実現させた。英国の加盟承認（2023年7月）で参加国は欧州にも広がる12ヶ国になり、世界の国民総生産（GDP）の15％を占める。また日・EUのEPAは、戦略パートナーシップ協定（SPA）とともに政治、経済にまたがる包括的な関係を確立したものだ。2020年末の英国のEU離脱に伴い改めてEUと協定交渉を行い、英国とは自由貿易協定（FTA）を結んだ。CPTPPと欧州関係の両者合わせて世界の国内総生産（GDP）の約4割を占める。これで日本を起点にアジア、南北アメリカ、欧州にまたがる自由貿易・投資の巨大経済圏が誕生した。

多国間貿易体制の中核を担うと期待された世界貿易機関（WTO）が自由貿易推進の上で機能不全に陥っている。さらに新型コロナウイルスの大流行に対処する重要な国連機関である世界保健機関（WHO）が中国の強い影響を受けてパンデミック宣言発出を遅らせ、世界への拡散を招いたばかりか、台湾のオブザーバー参加を認めないことをトランプ政権が批判して米国が拠出金停止や脱退の可能性などの圧力を強めた。トランプ政権が2018年に脱退した国連教育科学文化機関（ユネスコ）は2023年7月10日付けで米国の正式復帰を発表した。米国の分担金はユネスコ予算の20％を占めている。バイデン政権による多国間協力復活は国際機関「再生」のカギになる。日本は多国間主義を世界に定着させるためにも、機能不全の国際機関の改革を進めるため米欧との協力を軸に世界をリードする必要がある。

5　大局観に立つ国家戦略が不可欠

世界でも例を見ない少子高齢化社会に突入した日本が豊かな暮らしを維持し安全な生活を確保するためには、国民一人一人が自ら負担を負わなければ、画に描いた餅に終わる。安全保障にしろ社会保障にせよ、負担増に対して国民の積極的支持は期待できない。しかし、将来の安全確保のためにも「負担の必要」を訴え、国民が納得するような青写真と工程表を明示するのが国民の負託を受けた政治家の務めである。選挙への悪影響を恐れて安易な要求に迎合し赤字国債を増発して財政再建を先延ばし続け、国家破産に至る例は欧州はじめ世界で見られる。票目当てにカネをばらまく大衆迎合主義(ポピュリズム)は国家を破滅に追い込む。日本の赤字国債残高は2022年度当初予算で1026兆円。2021年度の対国内総生産(GDP)比256・9%(国際通貨基金=IMF統計)で、財政赤字が深刻な米国のほぼ2倍に達する。

2030年に日本が目指す姿を描いた報告書を内閣府の専門調査会が2005年にまとめたことがある。経済のグローバル化が進む世界の潮流に乗り遅れれば、日本の国際的な影響力は低下を免れない。既に技術力の低下による兆候は現れている。それは米国から見て日本の価値が減少することを意味しており、日本が国是とする日米同盟関係の「価値に疑問が付されるかも知れない」との危機感を露わにしていた。このような「悪いシナリオ」を回避するためにはスピード感を持って経済統合を進め、農業の効率化、生産性の向上による産業力の強化を図る一方、米国との同盟、欧州との友好関係、日中協調関係の構築などの重要性を強調していた。

しかし、その後の日本政治の展開は参院で多数派の野党(当時の民主党)が主導権を握る「ねじれ国会」の下で政治が機能不全に陥った。それが国民に大きな不安を与えてきたことに与党も野党も正面から取り組んでこなかった。無責任政治がまかり通ったのである。まさに調査会報告書が「避けるべきシナリオ」としていたことが現実になっていった。特に２００９年から２０１２年までの民主党政権下で国政が混乱し政治、経済、外交など各方面で日本の国際的影響力が失われ、日米関係の悪化など国益を損ねた「失われた3年間」として記憶されることになったのである。

「昭和」から「平成」を経て「令和」の時代に入り、世界情勢の不確実性はますます強まった。２０２２年7月10日の参院選挙で自民・公明の与党は過半数を確保、憲法改正に前向きな維新、国民民主党などを併せた「改憲勢力」は国会発議に必要な3分の2を上回り、衆院議員の任期満了まで「黄金の3年」を手に入れたと言われた。しかし、「政界一寸先は闇」。参院選挙中の安倍晋三元首相殺害事件のように何が起きるか分からない。財政再建、社会保障制度の改革が喫緊の課題である。少子高齢化による生産年齢人口の減少に伴う労働力の確保は経済成長を維持する上で待ったなしだ。外国人労働者の移民政策について雇用、教育、社会保障などでの軋轢を恐れての無為無策を続けることはもはや許されない。長期的な視野に立った有効な政策が示され、実行されることが日本という国の存在感を世界に示す上でも欠かせないのである。

パラダイムシフトが動き出して二十余年。世界は不安定性、不確実性が増し予測のつかない混乱が加速する恐れが現実のものとして国民の前に立ちはだかっている。「ポスト冷戦後」の国際秩序はどのように再編されるのか、米vs.中露の対立軸で収拾のつかない混沌の世界に向かうのか。この不安な世界の中で日本はどのように歩んで行くべきか。変化に対応した迅速な政策決定が必要なことはもちろんである。しかし、その前に、憲法をはじめとする日本のあるべき姿についての国民の基本的合意を必要とする。重箱の隅をつつく論戦に明け暮れる国会は国民の政治不信を招くばかりだ。代議制民主主義の手本とされた英国が国の運命を左右するＥＵ離脱の選択を直接国民投票（２０１６年）に任せるという「愚行」[8]がもたらした極め付きの混乱を避けるためにも、大局観に基づいた国家戦略と政策の選択が日本の民主主義を支える主体としての国民に求められている。

（1）オサマ・ビン・ラディンを首領とするイスラム過激派「アル・カーイダ」の19人が米国の民間航空機計4機をハイジャックして、世界貿易センタービルなどに激突させた。日本軍による真珠湾攻撃は太平洋上のハワイであり、米国本土への大規模攻撃は米国の独立以来初めてであった。米議会上下両院の情報委員会が合同で調査した報告書に詳しい。Steven Strasser,ed. *THE 9/11 INVESTIGATIONS*,(New York: Public Affairs, 2004).

（2）*National Security Strategy of the United States of America*, December 2017. https://www.whitehouse.gov/wp-content/uproads/2017/12/NSS-Final-12-8-2017-0905.pdf

（3）*NATIONAL SECURITY STRATEGY*, October 12, 2022, https://www.whitehouse.gov/wp-content/uploads/2022/10/Biden-Harris-Administrations-National-Security-Strategy-10.2022.pdf

（４）North Atlantic Treaty Organization, *NATO Strategic Concept 2022*, 29 June 2022, https://www.nato.int/nato_static_fl2014/assets/pdf/2022/6/pdf/220629-factsheet-strategic-concept-en.pdf

（５）国家安全保障戦略、令和４年（２０２２年）12月16日国家安全保障会議決定・閣議決定。https://www.kantei.go.jp/jp/approach/agenda/guideline/pdf/security_strategy.pdf

（６）John Bolton, *THE ROOM IT HAPPEND: A White House Memoir*, (New York: Simon & Schuster, 2020), 359-360.

（７）Michael E. O'Hanlon, *The Senkaku Paradox: Risking Great Power War Over Small Stakes*, (Washington D.C. 2019), 2-5.

（８）英調査会社ユーガブ調査の結果では、離脱が「間違いだった」が54％に対し、「正しかった」は34％だった。「分からない」（12％）分を除く集計では「間違い」が６割を超えた。日本経済新聞２０２３年１月31日付朝刊。

第Ⅰ部

パラダイムシフトと米中相克

第1章　覇権争奪に揺れる世界

第1節　「トゥキディデスの罠」

21世紀の世界は「冷戦後」の時代が終わりを告げ、世界秩序の構造変化が進行する過程に入った。第2次世界大戦後の「米ソ冷戦」から「米国一極」時代を経て世界秩序の大転換が起ころうとしている。政治、経済、軍事的な動揺がアジア、ヨーロッパ、中東など世界各地で起こり、世界情勢の不安定化および情勢展開の不確実さが増してきた。世界をリードしてきた米国が後退し覇権交代へのダイナミズムが働いて、世界秩序の「枠組みの転換」（パラダイムシフト）が始まろうとしているのが、21世紀も20年余を過ぎた今日の状況である。

1　覇権交代と秩序の転換

このような世界秩序の転換論は、米国で2017年1月にドナルド・トランプ大統領の共和党政権が発足して以来、盛んに論壇に登場するようになった。歴史的に覇権交代論は新しいものではないが、

「米国第一主義」を大統領選挙のテーマに訴えて当選したトランプ氏の登場に加え、経済大国として世界に影響力を振るい始めた中国の習近平政権の攻撃的な拡張政策と相俟って、米中間の政治、経済、軍事的な対立が先鋭化して緊張が高まり、世界が注目することになった。これは1世紀前に大日本帝国がアジアに拡張政策を一気に進めた結果、19世紀末以降「太平洋国家」を主張し出したアメリカとの対立が急速に深まっていった歴史と重なって見える。

覇権の交代への動きが世界秩序にどのように影響するかについて論じ、国際的に大きな影響を与えたのはハーバード大学のグレアム・アリソン教授である。２０１５年9月に「アトランティック」誌に発表した論文「トゥキディデスの罠：アメリカと中国は戦争に向かうか?」は世界に衝撃を与えた。紀元前４００年当時の古代ギリシャの歴史家トゥキディデスは新興国アテネが既成大国のスパルタに挑戦することで戦争が不可避になることを論じたのである。この論文に示唆を受けて筆者（鍋嶋）は現代の中国が直面する「罠」について２０１６年4月に論評した。

アリソン教授は「トゥキディデスの罠」の論文を発展させて２０１７年、３６４頁になる著作DES-TINED FOR WAR/CAN AMERCA AND CHINA ESCAPE THUCYDIDES'S TRAP? を出版、大きな反響を呼んだ。この中で、教授は15世紀のポルトガル対スペインの紛争以来、現代に至る５００年間に起きた16の主要な紛争を取り上げた。12のケースは戦争に発展したが、4件は戦争にならなかった。この中で日本については、戦争になったのが2件（日清・日露戦争および日米戦争）と指摘している。

1940年代半ばから1980年代末に至る米国とソ連の対立（米ソ冷戦）は超大国による核熱戦争の瀬戸際まで行ったが、そこには至らず文字通りの「冷戦」に終わったのは人類にとっての幸いと言うべきであった(1)。

「トゥキディデスの罠」について少し敷衍しておこう。国際関係の研究で最も頻繁に引用される一言は、この古代の歴史家が説明した「戦争を不可避にしたのはアテネの興隆と、それがスパルタに植え付けた不安」である。トゥキディデス（紀元前461～400）がペロポネソス戦争（紀元前431～404）について書いた戦争の原因は核心を突くものだった。新興国が覇権国に取って代わろうと脅かす時、そこに生じる緊張は例外なく暴力的な衝突、即ち戦争に至る、という歴史的事実をアリソンは明らかにしたのだ。

優れた文明と海軍力に恵まれたアテネの急速な発展は軍事強国スパルタを脅かした。自信と誇りを強めたアテネはその力にふさわしい「新しい現実」を反映するような取り決めを求めた。現代中国がアメリカに要求しているように。アテネが繁栄するような安全保障の環境を誰が提供するというのか？とスパルタが反発したのは、当然の成り行きだったというわけである。紀元前5世紀に起こったことは、2000年以上にわたって外交の重大課題であり続けた。アテネとスパルタの間で起きたことは、100年前にはドイツと英国の間で起こり（第一次世界大戦につながる）、1950年代と60年代にはソ連と米国の間であわや核戦争かの瀬戸際まで行ったのであった(2)。

2　日清・日露と日米戦争

日本にかかわる二つのケースについてアリソンのファイルから取り上げる。日清・日露戦争と日米戦争である。19世紀末から20世紀にかけて大国間の戦争に至った四つのケースのうち二つを占めるからである。10年の間を挟んだ日清と日露戦争をアリソンが一体のものとして取り上げたのは、大陸の清帝国およびロシア帝国という覇権勢力に対して、開国・明治維新以降、富国強兵策で急速に勢力を伸ばしてきた新興国・日本の挑戦によって、アジア大陸と太平洋を巡る覇権争いが行われたという意味で一体の歴史的事件として見るからだ。

日本が日清戦争（１８９４～95年）で目指したものは朝鮮半島から中国（清）の影響力を排除することであった。日本の戦勝により朝鮮（大韓）は清から日本の保護下に入り、日本は目的を達した。しかし、日清間の下関条約（１８９５年）での戦略的要衝の旅順を含む遼東半島の割譲に対してロシアがフランス、ドイツと組んだ三国干渉を行い、日本は欧州の大国連合の圧力に屈せざるを得なかった。アリソンは１８９１年のシベリア鉄道の開通と三国干渉に直面して日本がロシアの脅威を排除する決意を固くした、と分析している。日英同盟を結んだのは１９０２年であった。日露戦争の結果、日本はロシアの全満州からの撤退を実現（１９０５年ポーツマス条約）、これによって日本は「太平洋における覇権の実現への障害を取り除いた」。日本では三国干渉の屈辱に対して「臥薪嘗胆（がしんしょうたん）」

の故事を引いて、ロシア帝国への報復の決意を強めたのであった(3)。

日米戦争（1941～45年）は日本が戦没者310万人の犠牲を払った太平洋戦争（第2次世界大戦）である。アジアの覇権を巡る日米の葛藤は米国による石油、ゴムなどの対日禁輸が最後の引き金になったが、根は深い。米国は1898年、米西戦争に勝利してスペインから獲得したフィリピンをグアムとともに最初の植民地とした。その翌年、ジョン・ヘイ国務長官が門戸開放政策（Open Door Policy）を宣言した。これは「外国勢力が中国を植民地化したり、貿易を独占することを米国は認めない」というものである。米国の立場は太平洋戦争の始まる半世紀前に公にされていたのだ(4)。

門戸開放政策とは中国の市場は西ヨーロッパの旧帝国主義勢力だけでなく、米国の参入も認めさせるという宣言であった。米国はこの時、新興国として欧州の覇権国に対する挑戦の役割を担っていた。これはアメリカが今度は中国の挑戦を受けるという21世紀の現状から見ると「歴史の皮肉」というほかはない。

3　中国は「フランケンシュタイン」

現代のテーマは超大国・アメリカに対して新興国（とはもはや言えないほど、存在が大きくなっている）中国の挑戦である。それが熾烈なだけ世界の秩序の行方に決定的な影響を与えつつあるのが現実であり、アリソンが研究対象に取り上げた所以（ゆえん）である。米中関係については後述するが、西洋世界はマルコ・ポーロの時代以来、米国は19世紀のフロンティア開拓時代からユーラシア大陸に君臨してきた中国という存在にことのほか関心を強めていた。

ナポレオンは1817年に「中国を眠らせておけ。もし目覚めたら、世界を震撼させるだろう」と語ったという[5]。1972年に歴史的な中国訪問を敢行して毛沢東と会談、米中国交樹立（1979年）への道を開いたリチャード・ニクソン米大統領は晩年、友人でスピーチライターを務めたウィリアム・サファイア氏にこう打ち明けた。「我々はフランケンシュタインを創り出したかも知れないな」と[6]。

ニクソンと国家安全保障担当の大統領補佐官ヘンリー・キッシンジャーが朝鮮戦争を戦った宿敵とも言うべき毛沢東の共産中国に対して門戸を開こうとしたのは、米ソ冷戦の最中、ソ連と中国の間にくさびを打ち込み、国際共産主義運動の分断を狙ったものであった。そのようなニクソン・キッシンジャー外交の思惑とは別に、「米中和解」の恩恵を受けた共産中国が米国をも脅かす経済大国にのし上がるなどとは夢にも思わなかったのだ。それが「フランケンシュタイン」という米国にとっておぞましい存在に映ったのであろう。米国の情報機関は2030年には国内総生産（GDP）で中国は米国を追い越すとの試算をしていた。国際通貨基金（IMF）は2014年の年次世界経済報告で、経済力比較の最善の指標とされる購買力平価（PPP）によるGDPでは中国が米国を追い越したと見ている[7]。

中国という国の存在について世界では全体像がつかめず、どのように付き合っていけばよいのか、見えないことへの不安感が常につきまとう。華人国家であるシンガポールの国父とも言うべき故リー・クアンユー元首相が語った言葉をアリソンらが紹介している。「中国の大きさは世界が30〜40年のうちに新たなバランスを考えなければならないほどのものだ。中国は世界の歴史の中でも最大のプレーヤーである」(8)。

「トゥキディデスの罠」が現代の国際関係において示すものは、中国と米国の相克がどのように世界の秩序に影響を与えるかである。核大国の米中両国がもはや戦争に突き進むことはできないのが21世紀の世界だ。米中の確執はトランプ政権の登場とともに、貿易・経済戦争から科学技術、宇宙、サイバー、電磁波に至るあらゆる分野に発展した。2019年末に中国で発生した新型コロナウイルスの世界的大流行（パンデミック）の責任を巡る論争の最中に、香港への「国家安全維持法」の導入（2020年6月30日）で直接統治を強化しようとする中国の習近平政権と米国の対立が決定的になった。米中の覇権争いは民主主義・資本主義陣営と権威主義・共産主義陣営とのイデオロギー闘争、「体制間競争」に発展、「米中冷戦」が本格化したのである。

第2節 「リベラル国際秩序」の終焉？

「米国第一主義」を掲げたトランプ米大統領の就任以来、世界は第2次世界大戦後に米国が中心になって作り上げ、80年近く国際社会をリードしてきた「リベラルな国際秩序」が終末に向かって崩れつつあるのではないか、という疑心暗鬼に苛（さいな）まれることになった。それに中国が乗じている構図ができつつある。この「秩序」は米国が戦後、第2次大戦の教訓の上にルールに基づく国際秩序を構築して比類のない経済力、核戦力を含む軍事力による安全保障の傘を提供、これを背景に自由主義、民主主義の価値観に基づく同盟関係の推進、自由な貿易および投資の拡大・促進による経済成長と繁栄、多国間機構の育成を基調とした国際関係の維持、発展を目指したものであった。

1　同盟関係揺るがしたトランプ政権

しかし、「取引（deal）」を金科玉条とするトランプ大統領は西側世界の価値観よりも、中国の習近平国家主席、北朝鮮の金正恩委員長、ロシアのウラジーミル・プーチン大統領など独裁政権、権威主義国家の指導者との個人的に親密な関係（相性が良いせいか?）を重視した振る舞いを隠さなかった。中、露、北朝鮮こそリベラルな国際秩序への挑戦を続けてきたにもかかわらずである。

このようなトランプ政権の行動は同盟関係を揺るがすに十分であった。対露戦略の共同防衛で米欧一体であるべき北大西洋条約機構（NATO）加盟の欧州諸国に対して防衛費の負担が少なすぎると非を鳴らし、加盟国に防衛費の国内総生産（GDP）2％以上の負担増を強硬に要求した。アジアにおいても、在韓米軍の縮小や撤退をちらつかせて駐留費分担金の5倍増を要求して米韓関係の緊張を招いた。日本にも4倍増を要求した。北朝鮮による核・ミサイル開発危機が進行中であるのに「敵はどこなのだ?」と問い掛けたいほどである。欧州でもアジアでも同盟国に対して「米国はカネを払いすぎた」という強い不満がトランプ氏の考えの背景にあった。

多国間協力もトランプ政権の「米国第一主義」による「破壊」が進んだ。地球温暖化対策のパリ協定(COP25)からの脱退、日本が最後まで合意に奔走してまとめた環太平洋経済連携協定(TPP)からの離脱、北米自由貿易協定(NAFTA)や米韓自由貿易協定の破棄と再交渉、世界保健機関(WHO)からの脱退宣言など枚挙にいとまがない。2016年の大統領選挙でトランプ政権を誕生させる原動力になった「ラストベルト」と呼ばれる寂れた製造業や畜産業・農業など業界の圧力団体の支持に応え、2020年大統領選挙での再選戦略として動いたものであった。

ロンドンの国際戦略研究所(IISS)のコリ・シェイク副所長は「トランプ・ドクトリンの勝利。世界は敗北しつつある」と題する論文で「数十年後、我々は『リベラルな秩序の終わり』という世界史の転換点として回顧することになろう」と歴史的意義を論じた。トランプ政権のビジョンなるものが「米国第一」と呼ぶ一方的な力むき出しの主張であり、有志諸国の利益の無視、民主主義と人権への無関心と独裁者の利用であり、「これがトランプ氏が作り出した新しい世界だ」とトランプ政権の本質を突いたのである。「リベラルな世界秩序というのは『ペテン師の仕業』である」とするトランプ氏とその側近たちは世界平和の最善の保証人であったリベラルな秩序を取り壊してしまおうとしており、「我々はぞっとする時代に入りつつある」、「トランプ氏のリベラルな国際秩序に対する攻撃が成功するならば、米国はロシアや中国と何ら変わりはないのだ」と、絶望的な危機感を露わにしたものである(3)。

2　最大の脅威はトランプのアメリカ

「リベラルな国際秩序」の内容については三つの要素から成り立つ。ＩＩＳＳが２０１８年の「戦略概観」に当たる年次報告書で定義していたのは①ルールに基づく秩序、②米国を安全保障の保証人とする同盟関係の樹立、③自由な諸価値の拡大である。これら三つの要素とも戦後、米国が主導的な役割を果たしてきた。ただし、これらの要素はそれぞれ別の歴史や目的、そして任務を持つもので、時にはぶつかり合いながらも連動していく「複合的な体系（システム）」と報告書はとらえている。

第２次大戦後の国際秩序というのは、国際関係において他国への不干渉、自衛以外の武力行使の禁止など合意された行動のルールのセットであり、そのための基本的な機構が国際連合である。経済・金融の世界ではブレトン・ウッズ協定による国際通貨基金（ＩＭＦ）であり、世界銀行や日本が主導的な立場を維持して歴代総裁のポストを確保してきたアジア開発銀行（ＡＤＢ）もそうである。１９９５年には世界貿易機関（ＷＴＯ）が創設された。

しかし、戦後も80年近くが過ぎ、この秩序に対する強力な挑戦者が世界を脅かしている。ＩＩＳＳ報告書ではロシア、中国は当然として、米国をも「秩序への挑戦者」と名指した。この3ヶ国はそれぞれ違う種類の挑戦者とは言え、西側世界に対する共通の敵対国とされてきた中露とともに米国がやり玉に挙げられたことに驚く。自由、民主主義の理念、価値観では一体とされてきた西側世界、特にヨーロッパからの「トランプのアメリカ」に対する警戒心の強さが読み取れ、衝撃的ですらある。

さらに最も衝撃的な評価は、トランプ政権下の「米国が現在の秩序に対する最大の脅威になり得る」と規定したことである。歴代の米国政府も同盟国との間で対立や紛争は絶え間なくあったが、リベラルな国際秩序の必要性を信じていた。しかし、「トランプ（大統領）はこの秩序はペテンだと信じているように見える」（報告書）。ＩＩＳＳによれば、「トランプ政権下の米国は、その敵国よりももっと大きな打撃を国際秩序に与えている。米国はリベラルな秩序を拒絶し、安全保障秩序やルールに基づいた秩序を無視し拒否している」と断罪した。

欧州や北米、アジアなど米国に最も近い同盟国が心を痛めていることは、アメリカのリーダーシップなしに、あるいはアメリカが反対する中でこの秩序を維持できるか、ということである。このような観点から報告書は「リベラルな国際秩序が消滅すれば、世界の大部分にもたらされてきた利益もまた消滅する」と警鐘を鳴らしたのである(10)。この報告書が出た時期はトランプ政権発足後ほぼ2年を経た時点で、政権に対する「中間評価」に当たるが、第2次大戦後長らく西側世界の安全保障に対する政治的、軍事的な脅威として当然視されてきたロシアや中国よりも「トランプのアメリカ」こそ「最大の脅威」とする点で欧州の危機感を率直に表したものに外ならない。日本ではあまり注目されなかったが、このような世界の潮流の外に置かれているという自覚症状がない日本の危機意識の希薄さこそ、日本にとっての危機なのである。

第３節　ヨーロッパの憂鬱－「西欧の没落」の再来か？

１　失われた政治的力量

国際秩序の動揺についての深刻な懸念はヨーロッパ自身にも向けられている。２０１８年のドイツ・ミュンヘン安全保障会議（ＭＳＣ）は実に陰鬱な空気に支配されていた。世界、特に欧州の安全保障に対する差し迫った脅威にもかかわらず、欧州諸国が全体としても適切に対応する能力を完全に欠いているという自己嫌悪とも言えるほどの憂鬱（ゆううつ）さがみなぎっていたからだ。世界を覆う危機に対処する政治的力量についての悲観論が支配したのだった。日本人として残念なことは、日本国民全体、特に永田町、霞ヶ関の与野党の政治家、官僚がこのような危機感とは全く「縁遠い」ことなのである。

この会議では初めて北朝鮮の核・ミサイル危機が主テーマになったほか、北大西洋条約機構

（NATO）、ロシア、ウクライナ、中東問題が喫緊の課題として取り上げられたが、欧州としての合意形成は全くかなわないまま終わった。会議を総括したカーネギー・ヨーロッパのジュディ・デンプシー氏（シニア・フェロー）は欧州が直面する危機に対する戦略的展望を会議が示すことができなかったことへの深い失望感を表したものである。このような結果を招いた背景として同氏は米国のリーダーシップの欠如、欧州の弱体化と分裂があり、北朝鮮の核保有の「野望」に対して取り組む外交の完全な麻痺を指摘したのであった。ミュンヘン安保会議を総括するに当たり同氏は「MSCに反映されたものは何か。それは今日の外交、ステーツマンシップ、それにリーダーシップの質に問題があるということだ」と断言した(11)。

米国と欧州に代表される「西洋」の「凋落」は、かつて第一次世界大戦当時のドイツの哲学者オスワルト・シュペングラーの「西欧の没落」を思わせる。西側世界を支えてきた価値観や政治、経済制度に対する評価、世界における役割などについてデンプシー氏はMSC参加の著名な知識人に問い掛けている。米ユーラシア・グループ会長のイアン・ブレマー氏は「the WEST」という概念が「世界で最も安定した持続可能な政治制度」にもかかわらず、急速に悪くなってきた理由は西側があまりにも分裂し、内向きで長期戦略ができていないことにあると分析した。特にトランプ政権下の米国が指導力発揮を拒んでいることも影響していると言うのだ。

カーネギー国際平和基金のウィリアム・バーンズ会長（元米国務副長官、バイデン新政権で中央情報局

＝ＣＩＡ長官）は、西側世界が直面する課題として統治（ガバナンス）の危機、政治的機能不全、経済的不平等などを挙げた。さらに、トランプ政権下の「無謀な孤立」が同盟関係を不安定にし米国のライバル（中国やロシアなど）を勇気付けた。その上で強調したのは、西側にとっての試練は国内の困難を解決するために切迫感と良識を持って行動できるかどうかにあり、歴史的転換期の世界の中で規律やリアリズム、確信を持って行動できるかどうかにかかっているということである(12)。このような深い洞察と対処すべき課題についての問題提起が戦後の日本の政治家からなされたことは極めてまれであろう。

2　「ＮＡＴＯは脳死」の爆弾発言

米欧間を悲観的な空気が覆う中で、フランスのエマニュエル・マクロン大統領が発した「ＮＡＴＯは脳死」という爆弾発言が世界に衝撃を与えた。マクロン氏は２０１９年11月７日公表の英誌「エコノミスト」との単独インタビューでトランプ政権への批判を率直に語った際に、「我々が目下、体験していることはＮＡＴＯの脳死である」と述べた。インタビューは前月にパリのエリゼー宮（大統領官邸）で行われたものだが、12月３、４日にロンドンで北大西洋条約機構（ＮＡＴＯ）発足70周年記念の首脳会議が予定されていただけに、西側世界の結束を改めて誇示するべき好機であったサミットの祝賀ムードも吹っ飛んでしまった。ヨーロッパの若手のリーダーとして、しばしば単独行動主義（ユニラテラリズム）に走るトランプ政権を批判してきたマクロン氏だが、シリア北東部からの米軍の一方的な撤退と、NATOの一員でもあるトルコによるシリアのクルド人勢力に対する攻撃に関して（フランスは反対していたが）「米国とNATO同盟国間でいかなる戦略的決定も調整されていなかった」と米国の一方的な行動に非を鳴らしたのである。マクロン大統領の批判は単にシリア問題にとどまるわけではない。マクロンは言う。「我々が戦略的、政治的に問題を抱えていることを認める必要がある」、「我々はアメリカのコミットメントに照らして、NATOとは何であるかについての現実を再評価するべきだ」と、欧州の集団防衛体制に対する疑問を投げつけたのだった。

マクロン発言に対しては、当然のことながら、欧州内部からも米国からも厳しい批判が出た。インタビューを転電したニューヨーク・タイムズ紙によると、欧州の盟主を自任してきたドイツのアンゲラ・メルケル首相は「重大な発言（drastic words）だ」と鋭く反発、「NATOは我々（ヨーロッパ）の安全保障にとっては不可欠な重要なものである」と語った。マイク・ポンペオ米国務長官は「NATOは重要、不可欠で、歴史的に見て最も重要な戦略的パートナーシップである」と述べた。NATOのイェンス・シュトルテンベルク事務総長は「アメリカによる安全保障なしにドイツ統一も欧州（統合）もあり得なかった。北米と欧州を切り離す試みは、大西洋同盟を弱体化させるばかりか、ヨーロッパ自体を分裂させる危険がある」と、マクロン爆弾発言がもたらす影響に危機感を露わにした(13)。

3　欧州の「戦略的自律性」

マクロン氏が志向するのは欧州防衛のための「戦略的自律性（Strategic Autonomy）」である。その背景には、一方的な行動主義に立つトランプ米政権、ロシアや中国、イランなどの現状打破勢力による世界情勢の流動化、何よりも英国のEU離脱（Brexit）、ポピュリズムなど欧州の内部分裂などに対応する共通政策策定の機能不全といった危機感がある。トランプ政権に対しては、地球温暖化対策のパリ協定（COP25）からの離脱だけではなく、イランの核開発防止のために国連安全保障理事会常任理事国（米英仏中露）とドイツを含めた国際合意を一方的に脱退してイランの核開発の再開の扉を開いたことへの強い反発がある。しかも、トランプ大統領はNATO加盟国が防衛費をGDP2％の目標達成に積極的でないとの不満をあからさまにぶつけてきた経緯がある。

米国とEUとの関係も次世代（5G）移動通信への中国企業・華為（ファーウェイ、Huawei）の参入を国家安全保障の観点から基本的に禁止するトランプ政権の要請に対して欧州各国は完全に同調しない。このことは、単なる経済問題を超えて、対中国安全保障戦略を巡る米欧間の立場の相違を露呈することになった。

米欧関係について論じた鶴岡路人慶應義塾大学准教授は「米欧関係は安全保障面でも経済面でも岐路に立たされ」ており、「根源的な問いは『同盟国の米国がどれだけ信頼できるか』である」と指摘した。

マクロンの「戦略的自律性」については、NATOに対する懐疑的な見方や対米不信が背景にあることは明らかで、欧州内のコンセンサス（合意）はないとしながらも、「米国に依存し続けるべきではないとの認識が欧州の政治指導者の言説に強く出てきたことの意味を軽視すべきではない」と警告を発した。

欧州内でこのような認識の浸透が明らかな例として、メルケル独首相が2017年には「他者に完全に依存できた時代は終わろうとしている。我々欧州人は自らの運命を自らの手中に戻す必要がある」と述べていた事実を明らかにしている。米欧同盟の根幹をなすNATOに対するアンチテーゼとも言える欧州側からの「戦略的自律」論が世界の安全保障体制に影響を与えることは避けられない。鶴岡氏が指摘するように「NATOの運命は日本にとっても重大な意味を有さざるを得ない」(14)。日米同盟を国の基本戦略とする我が国の安全保障政策の在り方を改めて根底から検討する時を日本もまた迎えているということである。

欧州の「戦略的自律性」の主張は世界のパワーの間で「夢遊病者のようにさまよう」（ニューヨーク・タイムズ紙）と揶揄（やゆ）された分裂した欧州の迷いと危機感を反映したものにほかならない。「ヨーロッパとは何か?」、「その存在価値は?」。そもそも「EUの目的は何だったのか?」と自問自答せざるを得ない苦悩する欧州の姿がそこにあった。「グローバル・ヨーロッパ」としての自己主張の表れである。マクロン大統領の「ヨーロッパ主権」の支持、欧州委員会（EC）のウルスラ・フォンデアライエン委員長の「新たな地政学上の役割」の主張などは世界のパワーとしての欧州を志向したものである。

このような機運が醸成されてきたのには2008年のリーマン・ショック（金融危機）、2014年のロシアによるウクライナのクリミア半島武力併合、英国のＥＵ離脱（Brexit）問題や移民受け入れを巡るＥＵ内部の対立などの危機に、欧州として統一した対応ができなかったことである。さらに、トランプ政権のアメリカ、旧ソ連圏諸国（東欧）の失地回復と西欧の分裂を画策するロシア、一帯一路戦略で欧州にも影響力を伸ばし始めた中国など大国だけではない。イランやトルコなどの域外パワーにも振り回される欧州の姿に対する挫折感は深い。これに新型コロナウイルス世界的大流行への対応のため、ＥＵ内の移動は自由だったはずの「国境閉鎖」に欧州各国が踏み切ったことが輪をかけた。

4 「グローバル・ヨーロッパ」への志向

欧州の「戦略的自律性」はＥＵの外交・安全保障戦略の基本方針である「ＥＵ世界戦略（EU Global Strategy）」（EUGS 2016）においても明記されている。その発表に当たり、フェデリカ・モゲリーニ外交・安全保障担当上級委員（閣僚に相当）は、欧州が英国のＥＵ離脱の国民投票など不安定で危機に対する保障が十分でなく、「ＥＵの存在そのものが問われている」と警鐘を鳴らし、「強いヨーロッパが必要だ」と主張した。ＥＵは世界第3位の経済パワーにもかかわらず、「その潜在的な力を十分に生かしていない」ことを認めた。その上で世界のパートナーはＥＵにグローバルな安全保障の提供者としても重要な役割を果たすよう求めている、として「世界における役割をＥＵ加盟国が共同で果たす責任」を強調した。これこそがＥＵのグローバル戦略の目的だと宣言し、この戦略が「ＥＵの戦略的自律性という目標を促すもの」と位置付けたのである[15]。

「戦略的自律性」の重要性については「ＥＵＧＳ２０１６」本文で「ヨーロッパ域内・外において平和と安全を促進する能力のために重要」と位置付けた。具体的には防衛、サイバー、テロ対策、エネルギー、戦略的通信の分野を挙げている。そしてＥＵはＮＡＴＯをはじめパートナー諸国と緊密な作業を通じて「ヨーロッパの集団的安全保障への貢献を進める」ことを対外行動の優先順位の筆頭に掲げたのであった[16]。

ＥＵのグローバル戦略（ＥＵＧＳ）を論じたオランダ外交問題研究所シニア・リサーチ・フェローのディック・ザンデー氏は欧州の懸念はヨーロッパの東方（中東）や南方（アフリカ）だけでなくアジアの不安定もあり、対外危機管理と域内の安全保障政策を関連づけて対応する必要を説いた。地域的に欧州から離れて関心が薄かったアジア、太平洋やインド洋地域の不安定と紛争が欧州の安全保障に影響することを指摘した。マルコ・ポーロ以来７００年ぶりに西洋は東洋を向いたのである。

何故だろうか？　そこには、インフラ整備の「一帯一路」（One Belt One Road）構想で陸路や海路でヨーロッパやアフリカ、中東に急速に進出を図る中国への警戒感の高まりがある。海上交通の要路で、欧州も貿易で影響を受ける南シナ海全域の主権を主張する中国は国際的な反対と抗議を押し切って、実力で「内海化」を進めてきた。２０１６年にオランダ・ハーグの仲裁裁判所で中国の主権主張が完全に否定されたにもかかわらず、中国が決定を「紙くずだ」と否定、紛争当事国のベトナムやフィリピンばかりか米国とも対立を深め、地域の緊張を高めてきた情勢を反映している。

ＥＵＧＳ発表後も、中国は南シナ海の岩礁を人工島に造り替え飛行場、レーダー基地、対艦・対空ミサイル発射施設などの軍事拠点化を一挙に進めてきた。アジア・太平洋地域で19世紀の植民地経営以来利害関係の深い英国やフランスなど欧州諸国も懸念を強め、英仏独が海軍の艦船を派遣し米国や日本、豪州との共同作戦などで中国を牽（けん）制している。欧州は安倍晋三首相（当時）が２０１６年に提唱した「自由で開かれたインド太平洋」構想にようやく向き合うことになったのである。

ザンデー氏は地域的緊張とともに、特定の地域にかかわらず「どこからも来る」挑戦として、サイバー脅威、気候変動や国際犯罪などを挙げた。それから4年後に新型コロナウイルスが世界的大流行を引き起こして、中国だけでなく米国や欧州を含め全世界に波及、世界保健機関（ＷＨＯ）によると２０２３年1月までに世界の感染者が7億５０００万人、死者６８０万人以上という恐るべき事実は、誰の目にも見える人類への脅威として世界で実感された。このような時代の転換期に当たってＥＵはソフトパワーとハードパワーを使って「安全保障の提供者として独自の役割を果たす」という認識こそがグローバル戦略のエッセンスだと規定した。そこにＥＵの「戦略的自律性」が持つ意義がある[17]。

欧州のシンクタンクであるCARNEGIE EUROPEのリザ・ボマッシ氏らの研究論文（２０１９年）はＥＵが抱える問題点を指摘した上で、「迷える」ＥＵの加盟国は「外交政策について何を目指し、目的をいかに達成するかについて合意に達したことはなかった」と断じている[18]。ヨーロッパは英国などの島国を除けば陸続きである。ギリシャ、ローマ文明、キリスト教を背景に共通点に恵まれていた。多様で統一性に欠けるアジアと異なり、欧州には統合の条件がそろっていたはずとアジアからは見えただけに、このような分析は意外な感すら覚える。

しかし、中東やアフリカからの移民の受け入れを巡る各国の対立や、新型コロナウイルスの世界的大流行に際して国境閉鎖や感染防止策はヨーロッパの国々によって大きく違い、分裂した印象を与えた。さらに大きな問題は、中国の経済力にものを言わせて習近平政権が強力に推進してきたアジアから欧州に至るインフラ整備計画である「一帯一路」構想に対する対応の違いである。主要7ヶ国（G7）の一員だが、慢性的な財政危機にあるイタリアはこれに飛び付いたが、同盟国の中からはEUの結束を乱す行動として懸念と失望を招いた。中国はこれを突破口として欧州、さらにアフリカへの浸透を強めた。

ヨーロッパが世界のパワーとして認知されるには、経済力、政治力、軍事力がそろっていることが不可欠だ。EUは経済大国とは見なされているが、ほかの二点では米国や中国には及ばない。EUは多国間主義（Multilateralism）の旗手と見られてきた。国際組織として形はそうであっても、問題によっては国民国家（Nation State）の顔を出す。アフリカ、中東からの移民受け入れ（拒否）をはじめ、一帯一路へのイタリアの対応がそうであったし、新型コロナウイルス対策でもシェンゲン協定で国境が開放されているはずなのに、独自に国境を閉鎖する国家が相次いだ。EU加盟国同士が共通の認識に立って行動しているかどうかが問題である。

ボマッシ氏らは、欧州が必要としているのは内部の結束と合意による「多国間の世界秩序（multilateral global order）の信頼できる設計者」と見なされることであると主張している。また欧州の安全保障は北大西洋条約機構（NATO）に依存、つまりは米軍によって守られている。このことが欧州の自主的な防衛努力を弱めている実態を認めた。さらに英国のEUからの離脱（Brexit）は大陸欧州の安全保障にとってNATOが重要であり続けることも意味している。「米国の戦略的忍耐が尽きる日」に備えて、EUとして軍事的投資と共通戦略ドクトリンの発展を続けるべきだと主張した。マクロン流の「戦略的自律性」論への警戒とともに、米国の欧州への関与に懐疑的な見方があることに留意しておく必要がある。「グローバル・ヨーロッパ」を目指す立場からボマッシ氏ら筆者は「多国間主義のチャンピオン」として、また「高い価値観の推進者」として「国際舞台でもっと主張するEUであるべし」と主張する。そして「EUが世界のアクターとしての存在を熱望するなら、パワー・ポリティックス（権力政治）を演じる必要がある」と、率直な結論を述べている[19]。日本では「平和外交」を旗印にする左翼陣営に限らず戦争を知らない中道派からさえも「権力主義外交」と総スカンを食らいそうだ。

しかし、何世紀もの権力政治・外交の果てに二つの世界大戦に突入し、甚大な人的、経済的犠牲を払った上に成立したEUやNATO諸国の苦難の歴史を振り返るとき、21世紀に入って中国という西欧文化とは異質の権威主義的・国家資本主義の「大国」に欧州が振り回されている現状からの反省である。欧州の行方は世界のパラダイムシフトに大きな影響を与えよう。ナチスのドイツに席巻された苦い経験を持つヨーロッパにおいて、ＥＵやＮＡＴＯなどの多国間機構を築きながらもスーパーパワーに翻弄される欧州とは何なのかという自問が湧き上がってきたのは当然かも知れない。遠く離れた日本も欧州の将来の動きに無関係ではあり得ないのである。

5　覇権交代期の入口か

第２次世界大戦後の西側世界は、疲弊した欧州を米国が強力な経済力、軍事力で立て直し、米国主導のリベラル国際秩序に依存してきた。ソ連の軍事的脅威から欧州を守る北大西洋条約機構（ＮＡＴＯ）はもちろん、欧州連合（ＥＵ）の成立も米国の支持があってのことだった。国連やＩＭＦ、世界銀行などの国際機関も米国の強力な指導力がなければ存在しえなかった。いわば「覇権国アメリカ」に世界は依存してきたのである。

しかし、「トランプの米国」はそのような世界の姿を一変させようとした。米国自身の力が相対的に低下したばかりか、同盟関係や国際協力機構の軽視ないし無視という規範的な部分さえ損なった。遠藤乾北海道大学教授はヨーロッパの統合進展も米国のヘゲモニー（覇権）に頼ってきたが、トランプ大統領の米国が国際秩序の一番カギとなる「規範的な正当性を示し得なくなって」いることが「危機の深いところ」と指摘した。その上で、凋落する力（米国）と台頭する力（中国）との「せめぎ合いが当面続く」

とみており、現段階が「世界史的な転換点」との認識を示した[20]。

国際秩序が「大きな変容期」にあるというのは欧米、日本を通じて合意ができつつある。山本吉宣新潟県立大学教授は、「国際秩序の実質的内容は大国／覇権国の力と規範・価値を反映する」と考えられており、覇権国の盛衰を引き起こす要因として経済成長率の格差が「国家間の相対的な力関係を大きく変える」、それが「覇権国の交代というパワー・トランジッション現象を引き起こす」と分析している。現段階を現在の覇権国（米国）と次の覇権国との間の「大空位の時代である可能性」を指摘した。リベラルな国際秩序にとっての一番の問題はこれを「牽引してきたアメリカ、ヨーロッパ諸国の『内部崩壊』であり、その立て直し」が課題としている[21]。

第４節　中国のユーラシア戦略

1　マルコ・ポーロの世界へ回帰

20世紀後半以降、世界はグローバリゼーションの波にもまれ続けた。世界数十ヶ国を歩き回った米国の地政学者ロバート・D・カプランはグローバリゼーションについて「アメリカ型の資本主義と経営慣習の世界的な採用である」と定義している[22]。経済の規模拡大の反面、幾度もの経済危機、地域紛争、さらに感染症の新型コロナウイルスの世界的大流行など「負」の側面が強調され出した。グローバリゼーションの反省期を迎えたのである。超大国の米国の地位の相対的低下とともに西洋文明の中心だったヨーロッパの凋落ぶりも明らかになった。

一方で、第二の経済大国にのし上がった中国は世界への影響力拡大を図り、西への陸路（シルク・ロード）だけでなく東へ、そして南へと海洋ルートを開拓しはじめた。莫大な資金供与を餌に巨大なインフラ建設計画を掲げた「一帯一路」構想である。これを中国が借款などの資金を提供し、本部を北京に置くアジアインフラ投資銀行（AIIB）が裏打ちする。習近平政権になってからの急速な国際的展開は資金供与（融資）を受ける側からは歓迎される一方で、支払い不能な過大な借款のかたに戦略的な重要港湾の長期独占使用権を差し出さざるを得ない中国による「債務の罠」に警戒感が強まった。米日欧などの「西側」諸国からは中国による覇権を目指す活動として警戒が強まり、国際関係の大きな緊張要因になった。

中国と中央アジア、西アジアからヨーロッパを結ぶ陸路、および、東アジアからインド洋を渡って中東に至る海洋ネットワークで構成される「一帯一路」をカプランは「新シルク・ロード」と呼んだ。13世紀後半にイタリア・ベネチアの旅行家マルコ・ポーロが踏破したあのシルク・ロードが「来たるべき時代のユーラシアの地政学を明確に示すアウトライン（略図）になった」のである[23]。中国による中央アジアへのインフラ投資は南シナ海や東シナ海における海洋への拡大と「直接関連している」とカプランは読む。大陸国家である中国は近代において海洋への関心も薄く、西欧に対抗できる外洋艦隊を保有していなかった。しかし、現代の中国は「グローバリゼーションで広大な内陸から海洋への戦力投射（power projection）を必要とするようになった」からだとカプランは分析する。中国共産党政府は漢民族ではない少数民族でイスラム教徒のウイグルや、チベット、内モンゴルなどの内陸部の自治区の支配を確実にすることが不可欠である。それこそが「一帯一路」戦略であると彼は断言する(24)。

米国が主導し、中国も当然のことながら巻き込まれてきたグローバリゼーションという「外圧」と、国内の異民族の不満や独立要求という「内圧」を押さえつけるために中国は「一帯一路」が必要になったという見方である。少数民族の「中華化」の強制もこの文脈から理解される。アメリカが生み世界を席巻してきたグローバリゼーションの波が中国の覇権追求の動機になったというパラドックスであり、これが世界が「パラダイムシフト」へ動くダイナミズムである。「一帯一路」に象徴される中国のユーラシア戦略はまさに「マルコ・ポーロの世界への回帰」（カプラン）と言える。その中国に対して彼は米国と対立するロシアと同様に民族的、政治的、経済的な問題を抱えているために「単一国家として将来にわたって安定と存在が疑問視されうる」と厳しい目を向けていることは注目すべきであろう(25)。

マルコ・ポーロは中国からベネチアへの帰路、インド洋を渡った。米国はどうするべきか？　アメリカのバラク・オバマ政権は中国のアジア・太平洋地域、特に南シナ海や東シナ海への軍事的進出に対して「アジア回帰（Asia Pivot）」を掲げた。カプランは米国はユーラシア大陸の周辺を包んで西太平洋からインド洋までその概念を拡大すべきだと主張してきた(26)。オバマ政権後のトランプ政権による「インド太平洋戦略」、「航行の自由」作戦につながる考え方であり、中国の「一帯一路」構想による「アジア覇権」の動きを押さえ込むことに眼目がおかれていることは言うまでもない。「自由で開かれたアジア太平洋」戦略はもともと安倍晋三首相提唱の戦略構想（２０１６年）であり、トランプ政権がこれに乗ったのであった。

2 「中国の夢」

その中国は２０１２年11月の第18回中国共産党全国代表大会（18全会）で習近平が総書記・中央軍事委員会主席に就任して第１期政権が発足した。中国の公式発表によれば、習は同月29日「中華民族の偉大な復興の実現が近代以降の中華民族の偉大な夢である」、「この夢には数世代の中国人の宿願が凝集されている」と指摘した(27)。この言葉には19世紀以降の列強による半植民地化という屈辱の歴史の清算への決意が込められていた。さらに習近平は国家主席に就任した２０１３年３月の第12期全国人民代表大会（全人代）で演説し、「小康（ゆとりのある）社会の全面完成、富強・民主・文明・調和の社会主義現代国家の完成という目標の達成、中華民族の偉大な復興という夢の実現は国家の富強、民族の振興、人民の幸せを実現させるものである」と述べた(28)。この年の６月にオバマ米大統領とカリフォルニア州で首脳会談を行った習近平主席は共同記者会見の席上、「中華民族の復興という『中国の夢』の実現」に取り組むことを「オバマ大統領に明確に伝えた」(29)。この時に中国共産党は、35年前に「改革開放」政策を断行した当時の最高実力者・鄧小平（とうしょうへい）の「韜光養晦（とうこうようかい）」＝自らの力を隠して力を蓄える＝戦略を放棄したのであった。

習主席はこの会談の席上、オバマ大統領に対して「広い太平洋は中国と米国を受け入れる空間がある」と語ったと伝えられた。「中華民族の復興」という「夢」を政権の公式の目標に掲げて内外に宣言した「習近平の中国」が太平洋を米国と二分してアジアの覇権を目指す意思を明確にしたのであった。東シナ海の尖閣諸島（沖縄県）では日本と、南シナ海の領海、領土紛争では当事国のフィリピン、ベトナム、マレーシアなど東南アジア諸国との緊張関係を強めていたが、この発言がアジア太平洋地域でのパワーバランスを覆そうとするものだという米国の警戒心を一気に強めることになったのは言うまでもない。

「中国の夢」という言葉は中国人民解放軍国防大学の指導的学者で超タカ派として知られる劉明福教授（大佐）の著書名「中国夢」に由来している。米国の著名な中国研究者で政府高官も務めたマイケル・ピルズベリー氏はその著書、THE HUNDRED-YEAR MARATHONの中で、「私が『一〇〇年マラソン』という具体的な言及を最初に見つけたのも、その本『中国夢』であった」と想起している。著書の副題を「グローバルなスーパーパワーとしてアメリカに取って代わる中国の秘密戦略」としたのも、中国が目指すところをズバリ突いたものだ(30)。劉氏は2020年に東京で開かれた国際シンポジウムに現れ、大きな手振りで強烈な反米発言をして私たち参加者を驚かせた。

3 強まったアメリカの警戒

アジアの覇権を目指す「夢」を最高指導者が公言する中国に対して米国の警戒心が一気に高まった。政権が民主党のオバマから共和党のトランプに交代して3ヶ月後の2017年4月に米上院軍事委員会が「アジア太平洋地域を巡る政策と戦略に関する公聴会」を開いた。委員長は2008年大統領選挙の共和党候補としてオバマと戦ったジョン・マケイン議員である。彼はベトナム戦争中、海軍パイロットとして北ベトナムを攻撃中に撃墜され捕虜となった。捕虜収容所での5年間、厳しい拷問に耐え抜いて生還した英雄として国民の人気が高かった。

マケイン委員長は公聴会の冒頭、オバマ政権の「アジア・リバランス(再均衡)政策」が「ルールに基づいた秩序に対する中国の挑戦の大きさと速さに適応するのに失敗した」、「それがアジア太平洋地域におけるアメリカの安全保障のコミットメント(関与)に対する信頼性に疑問を呼び込んだのだ」と民主党政権の対中政策の誤りを厳しく糾弾したのだった。トランプ政権発足当時の米議会の危機感をズバリ表した発言である。マケイン委員長は「新政権が(オバマ政権とは)異なるよりよいコースを描く重要な機会を得ている」と述べて[31]、トランプ政権による対中政策の見直しに期待を示したのだが、その後の４年間に政権が取った行動と結果は圧力と経済制裁による米中関係の緊張と不安定化をもたらしたに過ぎなかった。マケイン氏は期待した成果を見ることなく２０１８年8月にこの世を去った。ベトナム戦争の過酷な実戦と捕虜の体験も含めた人生経験が豊富で、国家や世界の将来を案じ超党派的に敬意を払われる人物が失われたことは米国にとって大きな損失であり、惜しまれる。

4　新ユーラシア秩序狙う中国

公聴会で証言に立ったプリンストン大学のアーロン・L．フリードバーグ（Aaron L. Friedberg）教授は中国研究者として著名である。彼は米国の対中政策の問題点として3点を挙げた。第一に、米国にはアジア太平洋地域での一貫した包括的な国家戦略がない。ますます強力になり自己主張を強める中国に対する戦略を欠いている。あると言えば、20年前の戦略の名残でしかない。第二に、中国の戦略はアジア太平洋のみならず、（アジアの）大陸も含めたものであり、その戦略の目標はユーラシアの地域秩序を作り上げることだ。第三に、だからといって中国の戦略が成功するわけではない。中国には多くの弱点も不利な点もある。米国と同盟国は多くの強みを持つが、目標を再検討し戦略を検証して政策を調整するところまで到達していない。

その上でフリードバーグは中国の推進するインフラ建設を推進する「一帯一路」構想の狙いが「ユーラシアのほとんどで経済的、戦略的な地形を大きく変える」ことにあると断言した。中国の指導者たちが明確にし始めた「新しいユーラシアの秩序」のビジョンというのは、インフラ整備のネットワーク、地域の自由貿易地帯、北京によって描かれた新しいルールと政治協議のメカニズムのシステムであり、これらすべての中心が中国にあって米国を周辺に押しやるというものである(32)。

中国は鄧小平の「改革開放」政策の下で「韜光養晦（とうこうようかい）」戦略を進めてきた。鄧小平の時代の中国は開発途上国としても後発の段階にあった。軍事力も膨大な陸軍以外は脆弱であり、アメリカを相手にして経済的、軍事的に勝負できる体力もなかったからだ。中国に変化が起きたのはそれから30年後、リーマンショック（2008年）の金融危機の時だとフリードバーグは言う。米国は予想よりも早く衰退し始めており、中国自身が予想よりも早く興隆できると自信を深め、自らの「核心的利益」を定めて、その追求のため自己主張を強める時が来たと判断した。金融危機が中国国内の経済成長と社会の安定に対する懸念も深めさせたため、共産党指導部の正当性を強める一方、対外的には日米に対する対決姿勢を強めたのだと彼は結論している(33)。

ここで日本の安全保障研究者による中国の「一帯一路」構想とユーラシア戦略の関連についての分析を紹介する。防衛省防衛研究所が2019年11月に公表した「中国安全保障レポート2020」の増田雅之執筆責任者は「中国はその戦略的な地平をユーラシア部に向けて拡大してきた」として、習近平が

２０１３年秋に示した「シルクロード経済ベルト」と「海上シルクロード」構想が「直接の契機」になったと指摘した。二つの構想は、「地域諸国との連結性（コネクティビティ）の強化を図る」のが狙いとされた。その前年には、地政学的な観点から中国の戦略方向としてユーラシア部に向かうべきとの主張がなされ、北京大学国際関係学院の王緝思院長による「西進」論が発表され注目された。オバマ米政権が提起した「アジア太平洋リバランス（再均衡）」の結果、「大国間の地政学・地経学的な新たな競争が日増しに激しくなっている」ことを前提に、中国による地政学上の「リバランス」を主張するものであったと増田氏は分析している。

習主席は「一帯一路」について当初、「地政学的な要素を否定」していたが、同プロジェクトがグローバルな展開を見せるに伴って、「グローバルガバナンス体系の変革」や「人類運命共同体の構築」という国際秩序構築に関する「政治的言説が付与されるようになった」という。つまり、「一帯一路」構想の推進を通じて、中国は国際秩序建設の取り組みを強化しようとしており、「中国にとってユーラシアが連結性、地政学、そして国際秩序建設という多様な意義を見出し得る空間になっている」と増田氏は述べている(34)。

5　米排除のアジア安保

中国のアジア戦略について、日本のアジア研究の第一人者である白石隆氏（政策研究大学院大学学長・日本貿易振興機構ＪＥＴＲＯアジア経済研究所長）は２０１６年刊行の著書で、見事に整理して明快に述べている。白石氏はまず「一帯一路」構想が習近平政権が推進する「周辺外交の中で戦略的に位置付けられて」いるとして、周辺諸国との関係を「インフラ整備を中心とする経済協力でますます強化する」のが狙いと述べている。さらに２０１４年5月開催のアジア信頼醸成措置会議の席上、習近平が「アジア安全保障観」という概念を打ち出し、「アメリカを排除した地域秩序構築」の意思を明らかにしたことを取り上げた。ここで驚くべきことは、会議の参加国として中国、ロシアと中央アジアの上海協力機構（ＳＣＯ）加盟6ヶ国だけでなく東南アジア、インド、中東諸国のほかに、米国と軍事同盟条約を結んでいる韓国が「アメリカ排除」の会議に入っていたことである(35)。

北朝鮮の核・ミサイル脅威に直面しているにもかかわらず、中国への経済的依存度が強まっている韓国の革新系・文在寅（ムン・ジェイン）政権（２０１７～２０２２年）も米中どちらに立つかの際どい選択を迫られた。しかし、70年前の朝鮮戦争で韓国軍が半島南端の釜山まで追い詰められ、あわや共産勢力の手に朝鮮半島が落ちる寸前までいったのは「義勇軍」という名目の中国人民解放軍の参戦のためであり、現在の南北朝鮮の境界線である38度線で国境が休戦協定で「暫定的に」引かれたのは、米軍が参戦して盛り返したからだ。その韓国が北朝鮮の後ろ盾になっている現代の中国にもよい顔をしようと、米中間で「綱渡り」を演じる姿が見える。

韓国が在韓米軍の撤退を求めて、朝鮮半島の南半分が軍事的に「反共」の空白になれば、極東の安全保障環境はがらっと変わる。日本の安全は直接、中国と核武装した北朝鮮の脅威にさらされる。中国が米国の影響力が及ばない緩衝地帯としての朝鮮半島、そのための韓国の「中立化」と半島の統一を視野に入れている戦略的な意図を「反日」に凝り固まっている文大統領が知らないわけはない。それをも対日外交の計算に入れていたのであろう。韓国の政権が２０２２年に保守系の尹錫悦（ユン・ソンニョル）政権に交代して外交・安全保障政策は大転換した（第６章参照）。

白石氏は習近平外交が目指すところは、アメリカに対抗する「ユーラシア連合の構築」にあることを明確にしている。少し長いが重要な指摘なので引用する。

＊アメリカとは「新型大国関係」を提唱し、核心的利益の相互尊重を基礎に、この関係を「管理」し、衝突を回避する。一方、アメリカのリバランシングには、周辺外交のカウンター・リバランシングで対抗する。

＊韓国は経済的に「由（よ）らしめ」、緩衝国化し、長期的にできるだけ中立化の方向に持っていく。日本は孤立させる。南シナ海には、力の行使によって実効支配の既成事実を積み上げ、長期的にこれを「中国の海」とする。東南アジア、特に大陸部の東南アジアの国々では、広域インフラ整備ほかの経済

協力によって、これらの国々を「慰撫（いぶ）」し、「由らしめ」、緩衝地帯化していく。

＊一言でいえば、アメリカを中心とする大西洋同盟、アジア太平洋同盟に対抗するかたちでユーラシア連合を構築し、その一環として、東アジアでは、朝鮮半島、大陸部東南アジアの緩衝地帯化を推進し、できればみずからの勢力圏に組み込もうとしている[36]。

21世紀に姿を現したのは、100年近く前の大日本帝国による「大東亜共栄圏」の中国版である。勢力圏の拡大にはいつの時代にあっても経済力、政治力、最後には軍事力に訴える。政治、経済の力を背景にした外交力で「平和的に」進めるにしても、中国に比べれば圧倒的に弱いもののこれに従わず、抵抗する力もない相手に対しては最後に軍事力を誇示し威嚇し、あるいは実際に行使して目的を達する。

南シナ海を丸ごと中国の「内海」にしようと、フィリピンやベトナム、マレーシアやブルネイを相手にした紛争で、島嶼の軍事的占領と実効支配を目指そうとするのがそれである。現実に中国の軍事力を行使して漁船を沈没させる事件が頻発している。そのたびにフィリピンやベトナム、インドネシアは抗議するが、自国の漁船を守る海上保安能力、ましてや海軍力もないために事実上、中国の横暴のなすがままに南シナ海での「領海化」がまかり通っている。

これは東シナ海の日本領土である尖閣諸島（沖縄県）領海と、その周辺の接続水域に対する日常的な中国海警局による侵犯を見ても分かることだ。中国海馨局の公船（巡視船）4隻が2020年5月8日から3日間、連続して領海に侵入した上、日本の漁船を追いかけ脅した。日本政府の抗議に対して中国外務省の報道官は同11日の記者会見で「日本漁船が中国領海内で違法に操業した」と主張した。他人の家に武器を持って侵入した上、とがめた家主に「ここはおれの家だ。出て行け」とすごむのに等しい「居直り強盗」の言動である。

中国の公船は同年4月以降、海上保安庁の巡視船による警告を無視して連続111日間も接続水域に入り続けた。これまでに例を見ない異次元の挑発行動である。この水域に公船を常時配置して、「尖閣の実効支配」を内外に誇示するのが狙いだろう。尖閣諸島の魚釣島には戦前、日本人が住み魚の缶詰工場もあった。中国の意図的な無法ぶりに対して、公務員の常駐や漁船の船だまりを作るなど具体的な実効的措置を取らずに、外務省による口頭の抗議に終わってきた日本政府は中国に侮られているのだ。これが最大の問題である。日本の主権に対する意図的な侵害を恒常的に繰り返す中国共産党政権がいくら「日中友好」をうたっても、日本国民の誰もが信用しないのは当然のことである。

また、中国海軍の空母「遼寧」などの艦隊が直前の4月に宮古海峡を抜けて東シナ海から太平洋に出た。この艦隊は台湾沿岸で軍事演習を行った。爆撃機や偵察機による日本領空侵犯の恐れがある飛行も繰り返し、航空自衛隊機による緊急発進（スクランブル）の回数も急増する。尖閣諸島への領海侵犯や海軍、空軍の活動活発化の背景に台湾侵攻の軍事戦略があるのは言うまでもない。

中国は軍事力に頼らなくても「合法的に」借款返済能力の不能につけ込んで、重要港湾の99年間の「租借」（スリランカのハンバントタ港）の権利を手に入れるなどの手法は、19世紀の英国による香港の植民地化を見るまでもなく、西欧帝国主義勢力が使った手法をそっくり中国が模倣したものだ。中国が１９６０年代に推し進めて来た「第三世界外交」は、中国の大国化とともに勢力圏としてのアジア・アフリカ支配のドクトリンに変わった。その具体的な手段が「一帯一路」構想なのである。

アリソンは、ユーラシア大陸の諸国を一体化するという「一帯一路」の約束は「戦略地政学的なパワーバランスをアジアに移動させるというビジョンを反映」するものだと指摘した。そしてユーラシアを「世界島」と名付けた１００年前の地政学創始者ハルフォード・マッキンダーの「世界島を制する者が世界を支配する」との言葉を紹介した。その上で、「２０３０年までに現在の目標が達成されるなら、マッキンダーのユーラシア概念は初めて現実のものになるであろう」と予告した(37)。

第５節　２０５０年の世界

１　中国が最大の経済大国に

アメリカの中央情報局（ＣＩＡ）などの情報機関を束ねる国家情報会議（ＮＩＣ：National Intelligence Council）が２０１２年12月に発表した２０３０年までの世界を見通した報告書（Global Trends

2030）がある。注目されたのは、中国が２０３０年の数年前には米国を追い越して最大の経済大国になるということである。ただし、経済力、政治力、軍事力や指導力を含めた総合的なパワーとしての米国が「大国の中では一番の地位を占め」、中国のような「他の大国が米国に取って代わったり、新たな国際秩序を打ち立てたりすることはこの期間にはありそうにない」と分析している。新興国の急速な出現によって、米国「一極」の時代は終わり、第2次世界大戦後のPAX AMERICANA（アメリカによる平和）の時代も終止符が打たれつつあるとして、パワーが多極化して「どの国も覇権国家になれない」と予測したのである[38]。

さらに英国ロンドンに本拠を置く総合コンサルティング・サービスのＰｗＣ（プライス・ウォーターハウス・クーパース）が２０１７年に発表した「２０５０年の世界」という題の世界の経済秩序の変化についての調査レポートが注目を浴びた。世界経済の規模は２０４２年までには倍増するとともに、世界の経済力が先進国から新興国へとシフトする長期的な動きは２０５０年まで続く見込みで、世界の国内総生産（ＧＤＰ）に占める割合は上昇すると分析した。この報告はＧＤＰ総額の85％を占める経済規模上位32ヶ国の成長に関する長期予想を示したものである。

中国はすでに購買力平価（ＰＰＰ）ベースのＧＤＰが米国を抜き、世界最大の経済大国になっており、市場為替レート（ＭＥＲ）ベースでも２０３０年までに世界最大になる[39]。これとは別に国際通貨基金（ＩＭＦ）は中国が２０１４年には米国を上回ったとする報告も伝えられている[40]。

ＰｗＣ調査で先進国グループと新興国グループの比較は興味深いものがある。中国を筆頭にインド、インドネシア、ブラジル、ロシア、メキシコとトルコの新興7ヶ国（Ｅ7）は２０５０年までに年平均３・５％のベースで成長する。これに対して、米国をはじめ日本、ドイツ、英国、フランス、イタリア、カナダのＧ7の成長率はわずか1・6％にとどまる見込みである。その結果、世界のＧＤＰにおけるシェアは２０５０年までに新興国（Ｅ7）は約50％に上昇する一方で、Ｇ7は20％にまで低下するという衝撃的な予測が示された（ＰｗＣチーフエコノミストのジョン・ホークスワークス氏）。

予測されたＧＤＰ（ＰＰＰベース）のＰｗＣ予測世界ランキングを見て見よう。２０１６年（ＩＭＦ推定値）は1位中国、2位米国、3位インド、4位日本、5位ドイツ、6位ロシア、7位ブラジル、8位インドネシア、9位英国、10位フランス。２０３０年になると、順位は中国、米国、インド、日本、インドネシア、ロシア、ドイツ、ブラジル、メキシコ、英国になる。２０５０年には中国、インド、米国、インドネシア、ブラジル、ロシア、メキシコ、日本、ドイツ、英国の順である。すなわち世界の主要経済大国7ヶ国のうち米国を除く6ヶ国が新興国で占められるという予測である。新興国の経済力の伸長と先進国の凋落ぶりが目に見えるようだ。

世界の経済成長率は２０２０年まで年平均約３・５％で推移した後鈍化し、20年代は約２・７％、30年代は約２・５％、40年代は約２・４％になると予測した。これは先進国（いずれは中国も）の多くで高齢化による労働人口の著しい減少に見舞われる一方で、新興国も市場が成熟し成長率が鈍化するためだとＰｗＣのエコノミストは説明する。ホークワークス氏は「世界貿易の成長鈍化、所得格差の拡大は多くの国で見られ、地政学上の不確実性が増す」として「多様性に富んだ経済の必要性」を強調している(41)。このＰｗＣ報告の後で発生した新型コロナウイルス禍やロシアのウクライナ侵略による食料・エネルギー価格の高騰など世界経済の混乱で不確実性はさらに強まった。

2　新型コロナウイルス後の世界

新型コロナウイルスの世界的大流行の影響は発生時の２０１９年末以来、ユーラシア大陸にとどまらず北米、南米、中東さらにアフリカへと全世界に瞬く間に伝播（でんぱ）した。ＥＵ加盟国はシェンゲン協定に反して国民国家（Nation State）としての主権の象徴である国境の閉鎖に踏み切って分断状態に陥り、経済ナショナリズムによってＥＵの存在そのものが問われる結果を招いた。世界的に出入国の禁止のため物流が止まり、発展途上国に展開していた部品の供給網（サプライチェーン）が機能しなくなって生産、流通、販売という経済活動の基本的機能が麻痺（まひ）する事態に追い込まれた。国際通貨基金（ＩＭＦ）は早くも２０２０年４月に、同年の「世界経済見通し（ＷＥＯ）」で世界の成長率予測をマイナス３・０％と１９２９年の「大恐慌以来最悪の景気後退の可能性が極めて高い」と予測したほどであった(42)。

中国はコロナウイルス発生当初の情報を隠蔽し、世界への感染拡大に火を付ける形となった。習近平政権は「ゼロコロナ」政策による強権的な都市封鎖措置で感染拡大を押さえ込んだと見るや、イタリアやアフリカなど世界的に不足するマスクや医療用防護服などの支援に大々的に乗り出して、「救世主」の役割を演じる行動に出た。これも中国の「一帯一路」構想の参加国を援助の重点対象としていたのが特徴である。米国は世界的感染の拡大を防ぐための役割を果たすべき国連の機関である世界保健機関（WHO）が中国政府の強い影響の下に、パンデミック宣言を遅らせたため世界への拡大を招いたとして、WHOに限らず国連の諸機関での影響力を浸透させている中国との対決姿勢を一気に強めた。

新型コロナウイルスがもたらした世界の経済的な惨禍は計り知れない。生産や物流の分断、経済、財政、金融政策への影響にとどまらず、医療や保険制度、人々の働き方、そして生き方についての意識にも大きな影響を与えたのである。IMFは「見通し」の中でマクロ経済への影響や金融市場、一次産品市場のストレスなど「相当な不確実性が存在する」と分析、パンデミック終息後も「経済の様相は大きく変わるだろう」と予測した。先進国と新興市場国や発展途上国の間の、また国際金融機関からの支援など「強力な多国間協調が不可欠だ」と国際協調を呼び掛けた(43)。

国際政治の面から見れば、WHOに限らず、機能不全に陥っている世界貿易機関（WTO）など、米国を中心に「戦後世界」の発展を支えてきた多国間システムの在り方自体にも疑問が投げかけられる。運営が偏った国際機関の改革を要求する米日欧などの自由主義陣営に対して、中国やロシアをはじめとする強権主義国家グループが反対して改革が進まないという膠着状態がいつまで続くのか。世界の「戦後体制」はいつまで持続できるのか？　それとも、ひっくり返して新たなものが生まれるのか？　現代の世界が戦後の国際秩序の「変革期」のまっただ中にいることは間違いない。それがもたらす世界史的な意味は、我々が考えているよりもとてつもなく大きく、深いものかも知れない。今はそれが見えないだけなのだ。

少なくとも、気候変動やコロナウイルスの大流行、核大国ロシアによるウクライナ侵略戦争と核兵器使用の脅しによって、「どのような世界が人類にとって望ましいのか？」という素朴な問い掛けが地球上に広がってきたことは間違いない。そのような意識の変化が強いうねりを起こすとき、「パラダイムシフト」のダイナミズムもまた大きく動き出すことになろう。

（１）Graham Allison, "The Thucydides Trap: Are the U.S. and China Headed for War?" *The Atlantic*, September 24.2015, https://www.theatlantic.com/international/archive/2015/09/united-states-china-war-thucydides-trap/406756
鍋嶋敬三「中国は『三つの罠』を回避できるか？（連載１）」日本国際フォーラムe-論壇『百花斉放』（no.3662, ２０１６年４月20日）。

（２）Graham Allison, *DESTINED FOR WAR: Can America And China Escape Thucydides's Trap?* (New York, NY:Houghton Milffin Harcourt, 2017)

（３）Allison, *DESTINED FOR WAR*: xiv-xvi

（４）Ibid., 270, 271.　日本は三国干渉の屈辱に対し、復讐の志を忘れず苦労するという意味の中国の故事「臥薪嘗胆（がしんしょうたん）」を合言葉にロシアへの報復の決意を強めたのであった。

Ibid., 45.　また、「大隈重信内閣による対中華民国21箇条要求は中国に対してだけでなく、米国の門戸開放政策

（１８９９年）によって確立された地域の秩序への重大な挑戦であった。ヘンリー・スティムソン国務長官は日本の要求がこの秩序と、それに基づくアメリカの生活様式を脅かすものと懸念したのだ。」279.

（５）Ibid., 3.

（６）Ibid., 214, 216.

（７）Ibid., 9-11.

（８）Graham Allison, Robert Blackwill and Ali Wyne, *Lee Kuan Yew:The Grand Master's Insights on China, the United States, and the World.*（Cambridge, MA: MIT Press, 2013）, 42.

（９）Kori Shake, "The Trump Doctorine Is Winning and the World Is Losing,"*New York Times,* June 15,2018, https://nytimes.com/2018/06/15/opinion/Sunday/trump-china-america-first.html

（10）*Strategic Survey 2018:* The Annual Assessment of Geopolitics（November 2018）, 23-32. https://www.iiss.org/publications/strategic-survey/strategic-survey-2018-the-annual-assessment-of-geopolitics

（11）Judy Dempsey, *Judy Dempsy's Strategic Europe After Munich.*（CARNEGIE EUROPE）, February 19, 2018, http://carnegieeurope.eu/strategiceurope/75581

（12）Judy Dempsey, *Judy Dempsey's Strategic Europe, Judy Asks:What Is the Most Pressing World Issue?*（CARNEGIE EUROPE）, February 18, 20. http://carnegieeurope.eu/strategiceurope/75574

（13）Steven Erlanger, Macron Says NATO Is Experiencing 'Brain Death' Because of Trump, *the New York Times,*November 7, 2019, https://www.nytimes.com/2019/11/07/world/europe/macron-nato-brain-death. html

（14）鶴岡路人「米欧関係の展開と日本」、『国際問題』２０２０年１・２月合併号。No.688, 33-43

（15）*A Global Strategy for the European Union's Foreign and Security Policy*（June18,2016）:Forward by Federica Morgherini, eeas.europe.eu/archives/docs/top_stories/pdf/eugs_review_web.pdf

（16）Ibid.

（17）Dick Zandee, EU Global Strategy:from design to implementation, clingendael.org/sites/default/files/pdfs/EU%/20Global%20Strategy%20_%20AP%20August%202016.pdf

（18）Lizza Bomassi, Pierre Vimont, "Reimagining Global Europe," *CARNEGIE EUROPE,*December11,2019, https://carnegieeurope.eu/2019/12/11/reimagining-global-europe-pub-80554

（19）Ibid.
（20）遠藤乾「座談会・国際秩序は揺らいでいるか」、『国際問題』２０１８年１・２月合併号。No.668, 3,10.
（21）山本吉宣「国際秩序の史的展開」、『国際問題』２０１８年１・２月合併号。No.668, 37-43.
（22）Robert D. Kaplan, The Return of Marco Polo's World and the U.S. Military Response: Center for New American Security, May 2017, 4. http://stories.cnas.org/the-return-of-marco-polos-world-and-the-u-s-military-response
（23）Ibid., 7.
（24）Ibid., 21.
（25）Ibid., 30.
（26）Ibid., 31.
（27）北京週報「習近平主席が『中国の夢』を語る」（２０１３年７月）。japanese.beijingreview.com/zt/txt/2013-07/08/content_554394.htm
（28）Ibid.
（29）Ibid.
（30）Michael Pillsbery, *The Hundred-Year Marathon: CHINA'S SECRET STRATEGY TO REPLACE AMERICA AS THE GLOBAL SUPERPOWER*. (New York: Henry Holt and Company, 2015), 28.（邦題 China 2049）
（31）Senate Committee on Armed Services Hearing on Policy and Stragy in the Asia-Pacific, April 25, 2017, https://www.armed-services.senate.gov/hearings/17-04-25-policy-and-strategy-in-the -asia-pacific
（32）Ibid.
（33）Ibid.
（34）防衛省防衛研究所編『中国安全保障レポート２０２０―ユーラシアに向かう中国―』（２０１９年11月８日公表）。2-3. なお「本書は、日本政府、防衛省、防衛研究所の公式見解を示すものではない」との断り書きがなされている。https://www.nids.mod.go.jp/publication/chinareport/pdf/china_report_JP_web_2020_A01.pdf
（35）白石隆『海洋アジアVS.大陸アジア』（ミネルヴァ書房、２０１６年）。93-96.

（36）白石、103-104.
（37）Allison, *DESTINED FOR WAR*, 125-126.
（38）The National Intelligence Council, *GLOBAL TRENDS 2030:ALTERNATIVE WORLDS*, December 10, 2012, https://www.dni.gov/files/documents/GlobalTrends_2030.pdf
（39）PwC、調査レポート「２０５０年の世界」。2017年2月、https://www.pwc.com/jp/ja/press-room/world-in-2050-170213.html
（40）Allison, *DESTINED FOR WAR*, 9-11.
（41）PwC調査レポート。この予測は新型コロナウイルスの世界的流行の前であり、コロナ禍による成長率の急激な下落や鈍化は入っていない。
（42）IMF世界経済見通し（２０２０年４月）。https://www.imf.org/ja/Publications/WEO/Issues/2020/04/14/weo-april-2020
（43）Ibid.

第２章 「米中冷戦」－新たな覇権争いへ－

第１節 トランプ政権と米中対立の深刻化

「米国第一主義」を内外政策の基調に据えたトランプ政権（２０１７年1月～２０２２年1月）の下で、世界経済に一、二位を占める米国と中国の対立は貿易摩擦から始まり相互に経済制裁を発動した。さらに安全保障にもかかわる技術覇権をめぐるかつてない厳しい争いの展開に世界は翻弄された。政治、経済、軍事さらには文化の分野に至るまで両大国の対立は世界を分断し、新型コロナウイルスの世界的流行（パンデミック）がこれに輪を掛けて、国際秩序の混乱を招いたのである。

1 国家安保戦略の脅威認識

序文に記したように、トランプ政権の外交・安全保障政策の基本文書が２０１７年12月に発表された「米国国家安全保障戦略」（ＮＳＳ２０１７）である。米国に対する主な三つの挑戦者としてロシアと中国の「修正主義勢力（現状変更勢力）」、イランと北朝鮮、そして国境を越えたテロを挙げた。特に中国については、「インド太平洋において米国に取って代わろうと求めて、国家主導の経済モデルが及ぶ範囲を広げ、中国に有利なように地域を再編しようとしている」と、強い脅威認識を露わにしたのである[1]。

この戦略の発表に当たったトランプ大統領自身が12月18日の記者会見で、ロシアと中国を「アメリカの影響力、価値や富に挑戦しようとしている競争勢力（rival powers）」と位置付けた。国家安全保障戦略（NSS）が目指す国益として本土防衛、経済繁栄、力による平和及び米国の影響力の前進の四つを示した。その中でトランプ氏は「経済安全保障が国家の安全保障であると『初めて認めた』こと」が特筆すべきだと強調した。その中で、「公正で相互主義に基づく貿易」という歴代米政権の主張に加えて、「知的財産窃取に対する断固たる行動」、「国家安全保障にかかわる産業と技術革新の基礎の保護」のための対策を明示した。中国との経済摩擦、技術覇権競争を早くも予告していたのであった。

もう一点注目すべきは、米軍事力の増強と同盟国の負担の強化である。「弱さは紛争への最も確かな道であり、比類なき軍事力は最も確かな防衛手段である」と語り、オバマ前民主党政権下で弱体化していた米軍事力の増強、近代化を主張した。「共同の安全保障に対する正当な分担をする同盟諸国によって、米国の力が強められるのだ」と同盟国による防衛負担の大幅な強化を明確に要求した[2]。これがトランプ政権の同盟政策の基本原則であった。北大西洋条約機構（NATO）諸国に対する国防費の対国内総生産（GDP）比2％の要求、さらに駐留米軍経費の負担を韓国には5倍増の年額50億ドル、日本に対しては4倍増の80億ドルというこれまでの米政権にはなかった「法外な」要求をあからさまに突き付けたのもトランプ政権の特徴だ。防衛費分担増の要求については大統領補佐官だったジョン・ボルトン氏が回顧録の中で明らかにした。同氏は2019年7月に訪日の際に日本政府高官に大統領の意向を伝えた。大統領は日韓両国に巨額の負担金を支払わせるよい方法は「全米軍を撤退させるぞと脅すことだ」、「それで交渉上非常に有利な立場になる」と語ったとボルトン氏は書いている(3)。同盟関係に緊張が高まることも厭わず、米国の利益第一主義を押し通そうとするトランプ大統領の本音が暴露された形だ。

2　二つのペンス警告演説

トランプ政権のマイク・ペンス副大統領が2018年10月4日に保守系シンクタンクのハドソン研究所で行った「トランプ政権の対中国政策」と題する演説が具体的な対中攻勢の第一弾となった。トランプ大統領は政権発足早々、フロリダ州の別荘「マール・ア・ラーゴ」に習近平総書記を招待して個人的にもてなし、その半年後には訪中するなど、習近平氏との「強い個人的関係の構築」を最優先にしてきた。この当時の米中双方の「共通の関心事で最も重要だったのが朝鮮半島の非核化」であったことをペンス氏は認めている(4)。トランプ大統領の政権初期の政治戦略の目標が北朝鮮の非核化であり、金正恩朝鮮労働党委員長との首脳会談による解決を目指していたから、北朝鮮に大きな影響力がある中国の協力を必要とした。中国も経済発展のためには米国との融和を維持する必要に迫られていたためだ。しかし、「米中蜜月」は長くは続かなかった。

米国から見れば、中国は「政府一丸となって」政治的、経済的軍事的な手段、さらにプロパガンダによって米国内で影響力を強め、「内政と政治に干渉してきた」とペンス氏は中国の行動に失望したことを率直に明らかにした。中国の経済大国化の大部分が米国の対中投資によるものにもかかわらず、中国は不公正貿易、通貨操作、産業補助金など数々の不正な政策を動員し、即ち「アメリカの犠牲の上に」中国製造業の基盤を固めたのだ、と非難した。

「中国製造２０２５」計画の下で、「中国共産党は世界の最先端産業の90％の支配を視野に入れている」と警鐘を鳴らした。軍事のあらゆる面で米国の優位を損なう能力の獲得に優先順位を置いており、「日本の施政権下にある尖閣諸島（沖縄県）に対する日常的なパトロール」、南シナ海での軍事基地建設なども取り上げて、中国の軍事的脅威を指摘した。ペンス副大統領は「中国の統治者へのメッセージ」として「トランプ大統領は譲歩しない」、「トランプ政権は米国の利益、雇用、安全保障を守るため断固として行動し、軍事力を再建し、インド太平洋にまたがる米国の利益を主張し続ける」という決意表明で演説を締めくくった。

米国の大統領制度の下で副大統領の職務は大統領自身に緊急事態が起きた時以外は儀礼的なもので、実質的な権限が与えられていないのが通例だが、このペンス演説は中国の脅威に対する経済、軍事、国際安全保障、外交に至るまで具体的な政策に大きく踏み込んだ異例のものとなった。これは「米国第一主義」のトランプ大統領自身が外交、国防、安全保障に関心が薄く担当の閣僚や側近を次々と解任して政権内が混乱していた事情を反映したものであろう。

この演説から1年後の２０１９年10月24日にペンス副大統領は第二弾の対中政策演説を行った。同じテーマで2年続けて演説するのも異例である。「昨年の演説にもかかわらず、中国は対米関係改善に重要な行動を起こさなかったばかりか、その行動はますます攻撃的で関係を不安定にするものになった」と、その口調は失望といら立ちに満ちたものだ。批判の対象も経済問題はもとより、アジアや海洋での挑発的な軍事行動への警告、米国の世論に影響を与えようと画策する「世論戦」にまで広がりを見せた。

南シナ海問題では、習近平氏が２０１５年にホワイトハウスで行った「南シナ海を軍事化する意図はない」との言明に反して、岩礁を埋め立てた人工島に軍事基地を建設し対艦、対空ミサイルを配備したことを非難した。アジアをにらむ最大の基地があるグアム島を含む西太平洋における米軍優勢を脅かすからである。前年に続いて東シナ海の尖閣諸島に対する中国の挑発行動にも再び目を向け、「日本の施政権下にある尖閣諸島の水域に連続60日以上も公船を派遣した」と非難した。中国は２０２０年には接続水域への侵入が連続111日と最長を記録、中国側の「実効支配」の実績作りのための挑発が年々強化されていることが立証されている。また「一帯一路」政策で世界中の港に足場を築いており、その「狙いは最終的に軍事目的だ」と強い警戒を示した。

中国の「世論戦」の実態として、アメリカの企業、映画産業、スポーツ、大学、シンクタンク、学者やジャーナリストに至るまで浸透し世論に影響を与えるため「褒美（アメ）と威圧（ムチ）」を使っていると、具体例を挙げて非難した。また、香港での民主化運動に対する中国の干渉に対して、「中国当局が暴力の使用に訴えるなら、米中貿易交渉はますます困難になる」と警告したのである(5)。一方でペンス副大統領は米中の貿易、経済摩擦について、「アメリカは中国の発展を封じ込めようとはしていない」と言明した。米中間を切り離す「デカップリング」も求めていないとして、中国が不公正な貿易慣行を終わらせるよう前に踏み出すなら、米国は交渉を続ける用意があると「誘い水」も撒いている。

米中貿易摩擦は2018年初頭の太陽光パネル、大型洗濯機の緊急輸入制限措置から始まって、安全保障への懸念から鉄鋼、アルミへの追加輸入関税、同年7月以降、中国製品に対する制裁関税を連発、第1弾から第4弾まで合計3600億ドルに達した。これは2017年時点での対中貿易赤字3700億ドルに対応した形だ。さらに米国は2019年8月には為替操作国に指定した。中国側も米国の制裁措置に対応する形で対抗措置として制裁を次々と発動し、激しい貿易戦争に発展した。

第二のペンス演説は「米国は中国に手を差し伸べている。中国も行動をもってこれに応えてほしい」との呼び掛けで締めくくられた。その一年後に迫る大統領選挙を控えて、選挙地盤である「ラストベルト（さび付いた地帯）」の産業再生、雇用増大を実現したいトランプ大統領にとっては対中交渉で米国有利の形で合意に持ち込み、その成果を掲げて支持率を高めて再選を確実にしたい思惑があった。

しかし、その思惑は中国共産党政権内の強硬路線の台頭によって外れた。米中交渉は貿易から知的財産の窃取、軍事的優位の確保のための技術覇権をめぐる競争に発展して急速に悪化した。演説から半年後の２０２０年5月に発表されたホワイトハウスの「対中国戦略アプローチ」（後述）は過去の歴代政権の対中政策を「融和的」として退ける強硬論に変わった。貿易、経済問題だけでなく、中国国内のチベットやウイグルなどの人権抑圧、香港国家安全維持法の制定、台湾への軍事的圧力など、習近平政権による全体主義、共産主義イデオロギーの徹底を再評価した結果、米中関係は今や自由主義・民主主義vs.全体主義・抑圧主義の「体制間競争」であるという戦略的認識がトランプ政権内部で主流を占めるに至ったのである。

第２節　米国に「歴史の教訓」

このような米国政府の厳しい対中国姿勢はどこから生まれて来たのか？　トランプ政権の「米国第一

主義」、保護主義や中国の人権抑圧などの非民主主義的強権政治のためばかりではない。米中国交（1979年1月）以来、40年間の米中関係史の中で積み重ねられてきた米国側の不満が底流にはあった。国交回復以降、米国は中国の国際社会への参入を積極的に支援した。それは中国の経済発展に大きく寄与するとともに、原子力平和利用や米国の技術を移転して中国の近代化に役立たせた。それればかりか魚雷やレーダー、さらにはジェット戦闘機の開発などの軍近代化にまでも協力し、それが結果的には中国の経済、軍事大国化に手を貸す結果になったのである。

1　冷戦下でソ連封じ込め

その背景は国交回復から米ソ冷戦終結（1989年）までの10年間の米中関係の基調が共通の「敵対勢力」であるソ連封じ込めにあったことである。そのための米国による対中支援外交は1989年6月の天安門事件や1991年12月のソ連消滅にもかかわらず継続され、米中国交から30年目に発足したバラク・オバマ政権（2009年1月〜2017年1月）にまで対中協調政策が引き継がれてきたのであった。しかし、米政府、議会、有識者の間では、このような長期間にわたる米国の支援と国際協力がなければ今日の「大国・中国」の存在はあり得なかったにもかかわらず、アメリカの誠意に対して感謝どころか、現在の習近平中国共産党指導部は攻撃的な姿勢を強め、一貫して信義に反する対応を取ってきたという「失望感」が支配していると言っても過言ではない。

米国務省でアジア太平洋政策の責任者であるデーヴィッド・スティルウェル国務次官補が上記ペンス演説の2ヶ月後、２０１９年12月に有力なシンクタンク（政策研究機関）である戦略国際問題研究所（ＣＳＩＳ）で「歴史の教訓」と題する米中二国間関係について総括的な講演をした記録がある。これは１９７８年、当時中国の最高指導者であった鄧小平副首相が「改革開放」路線に立って中国を「開国」して以来、オバマ政権末期に至るまで約40年間におよぶ米中関係の歴史を振り返った「反省記」でもある(6)。

米中両国は１９７９年1月1日国交を回復した。米国はジミー・カーター民主党政権（１９７７年1月～１９８１年1月）であり、中国の最高実力者である鄧小平副首相は間髪を入れず、1月26日訪米した。日本の福田赳夫内閣が日中平和友好条約に調印（１９７８年8月12日）した2ヶ月後に批准書交換のため鄧小平氏が来日したように、中国が日米との関係正常化を極めて急いだことが印象付けられる。

米カーター政権は米国の法律上、政治や人権の基準を満たしていないにもかかわらず、中国に貿易上の最恵国待遇を与えた。スティルウェル次官補は「中国に対するこの種の例外措置を設けることが米国の一般的な慣行になった」と指摘した(7)。カーター政権は１９８０年には中国の世界銀行への加入を推進し、翌年以降受けた融資の総額は６２０億ドルに達する。

2　米中協調が「ドグマ」に

カーター時代は米ソ、中ソ関係の緊張が激化し、ソ連に対する米中の協調路線が強まった。鄧小平訪米翌月の1979年2月、中国軍がベトナムに侵攻、中越戦争に発展した。4月には中国は中ソ友好同盟相互援助条約の破棄を通告。一方、ソ連は同年12月にアフガニスタンのクーデターに軍事介入。年が明けて1980年1月4日にカーター政権はソ連への穀物輸出の大幅削減と戦略物資の全面禁輸など対ソ報復措置を実施した。これと同時に同5日にはブラウン国防長官を訪中させるなど、米中協調による対ソ対決路線を明確にしたのである。米国の対ソ締め付け戦略は1980年7月の第22回五輪モスクワ大会のボイコットで頂点に達し、日本や西ドイツなど米同盟国だけでなく中国も歩調を合わせた。

ロナルド・レーガン政権（1981年1月～1989年1月）下で米国の対中政策は、軍事や科学技術の援助に傾斜していったのが特徴的である。レーガン大統領は政権発足早々、「国家安全保障決定指令（NSDD11）」を発して陸海空軍およびミサイル関係の技術の中国への売却への道を開いた。1984年の趙紫陽首相訪米前には大統領はNSDD120に署名して中国への技術移転政策を自由化して中国人民解放軍の近代化計画を支援した。スティルウェル氏によれば、この機密指定された政策文書では、米国が求めているのは「強力で堅固な安定した中国」であり、それが「アジアと世界において平和のためのますます強まる力になりうる」との期待を示していた。

1986年にレーガン政権は中国の遺伝子工学、オートメーション、バイオテクノロジー、レーザー、宇宙工学、有人宇宙飛行、知的ロボット、スーパーコンピューターなどの研究を助けた。三十数年後に米国が中国に追いつかれ、あるいは既に追い抜かれた安全保障にかかわる分野ばかりであった。同じ年に米国は日本と協力して、アジア開発銀行（ADB）への中国の加盟を認めた。中国は400億ドルの融資を獲得し輸送、エネルギー、農業、金融などの重要分野での発展に活用された。国交正常化以降の10年間、米国の対中政策の「最も重要な要因は冷戦であった。中国はソ連に対して釣り合いを取る重りだった」し、冷戦後も中国優遇政策が続いたとスティルウェル氏は認めている(8)。

中国の政治改革、民主化を求める北京のデモに対して鄧小平共産党中央軍事委員会主席が戒厳令を発し、武力弾圧した。これが1989年6月4日の「六四天安門事件」である。（中国共産党政権は死者は319人と発表したが、実際は不明で数千から1万人の説もある）。しかし、当時のジョージH．W．ブッシュ（父）大統領は米中関係を基本的に再検討することはしなかった。大統領は議会の多数が支持した対中経済制裁に反対した。政権は高官レベルの米中接触を禁じたものの、一方では「米中関係を再び軌道に乗せる重要性」を強調した親書を持たせて国家安全保障担当補佐官を派遣したとスティルウェル氏は暴露した(9)。

同氏は名前を明示していなかったが、ブッシュ（父）政権で国家安全保障担当の大統領補佐官の地位にあったのはブレント・スコウクロフト氏であった。同氏はリチャード・ニクソン大統領の訪中（1972年2月）実現のため、1971年7月に秘密裏に訪中し、周恩来首相と交渉したヘンリー・キッシンジャー大統領補佐官に極めて近く73年1月からはその次席の地位にあった。ウォーターゲート事件によるニクソン辞任後、キッシンジャー氏の後を継いでジェラルド・フォード政権の大統領補佐官に就任した。さらに国家安全保障に関する深い見識を買われて12年後のブッシュ（父）政権でも大統領補佐官に返り咲いた異例の経歴の持ち主である。

米中国交への道筋を付けたキッシンジャー氏は半世紀にわたって中国共産党指導部要人の信頼がことのほか厚く、100歳（1923年5月生まれ）の同氏は習近平国家主席とも会見を重ねるなど中国共産党最高指導部から一目置かれる存在であった（2023年11月29日死去）。同氏に連なるスコウクロフト氏を派遣したのもこの人脈を生かしたことが背景にあると思われる。ブッシュ（父）大統領自身も北京の米中連絡事務所長を務めた経歴もあり、米国内では「親中派」と目されていた。

中国の人権問題には極めて批判的だったビル・クリントン大統領も人権批判と貿易上の特権を結びつけるべきだとの主張を止め、世界貿易機関（WTO）への中国加盟を支持した。「中国を含めた国際貿易の拡大で中国は必然的に政治的に自由化する。それは中国人民、人権の大義、そして世界全体にとっての利益になる」。このような思考が「米国のドグマ（独断的な見解）になった」とするスティルウェル氏は「WTO加盟が中国の野望にとってはロケット燃料」となり、世界市場へのアクセスを得た中国は世界の工場、輸出基地へと大躍進、「中国を強化するのにこれ以上の政策はなかった」と述懐した。

3　中国への強い「失望」

トランプ政権の下で苛烈になった米国内の対中批判というのは「中国共産党の指導者が米国の誠意に対して攻撃的かつ一貫して信義にもとる対応をすると決めたことへの失望によるものだ」と結論付けている(10)。ここで「失望（disappointment）」という言葉に注目したい。米政府当局者が外交問題で不満とする公式の意思表示として「遺憾（regret）」や「懸念（concern）」などの表現を使うことが多いが、「失望」は落胆とか残念さを含めた相当厳しい批判的な表現と受け取られることが多い。

安倍晋三首相が第2次内閣発足後1年目の２０１３年12月26日靖国神社を参拝した。当時は民主党オバマ政権下で、在日米国大使館に続き国務省が「日本の指導者が近隣国との緊張を高めるような行動を取ったことに失望している」との声明を出したことがある。国務省報道官はホワイトハウスとも協議の上での声明であり「メッセージは非常に明快だ」と述べ、オバマ政権としての意思であることを明らかにした(11)。米国にとってアジアで最も重要な同盟国の最高指導者に対して礼を欠くのではないかと思えるほどの強硬なニュアンスであったことが思い出される。米国内の知日派有識者からはこのような日本を非難する声明を米政府が出すべきではなかったとする批判の声も上がったほどである。当時のオバマ・ホワイトハウスで副大統領の座にあったバイデン氏が2021年1月に大統領に就任したが、バイデン民主党政権下においても「靖国参拝」への懸念や疑念が日米関係の底流に潜んでいることを忘れてはならない。

第3節　対中国戦略アプローチ

トランプ政権の発足時から中国に対する警戒感は強く、それが「国家安全保障戦略」（NSS2017）で中露を「修正主義（現状変更）勢力」と規定し、「インド太平洋地域で米国に取って代わろうとし、中国に有利なように地域を再編成しようと狙っている」と見ていることは前述の通りである。これに半年先だって国防総省が発表した「中国の軍事力2017年次報告書」によると、（習近平を含む）中国の指導者は2002年以来、21世紀の初めの20年間を「戦略的好機の時代」と位置付けてきた。そして対外的な戦略目標を「大国としての中国の地位を確固たるものにし、究極的には地域的な優位を再獲得する」ことに定めた(12)。

さらに、NSS2017を受けた「2018米国防戦略」では、米国の繁栄と安全保障にとって中心的な挑戦はNSSが「修正主義勢力」と規定した中露による長期にわたる「戦略的競争」の再現であるとした。中露が望んでいるのは彼らの「権威主義的モデルに合致する世界の形成」であり、自由で民主主義的なリベラルな国際秩序を覆すことが目標であるとの見方を明確にしている[13]。

これらの国防関係公文書を受けたトランプ大統領の一般教書演説（２０１８年1月30日）は、政権発足後1年間の成果として雇用の創出や法人税率の大幅引き下げなど経済での成果を誇示する一方、不公正な貿易に終止符を打つと宣言した。「経済で降伏する時代は完全に終わった。今後の貿易関係は攻勢で特に重要なことは互恵的であることだ」と米国の方針を明確にした[14]。米国の利益を守るために、米国流の貿易ルールを強力に推し進めることを宣言したのである。これ以降、中国との貿易摩擦が本格化する。

このようなトランプ政権の強硬姿勢は「歴史の教訓」とともに、選挙基盤となったラストベルトを中心とする白人労働者層へのアピール、米国から貿易黒字の形で「富を奪う」中国への「報復」感情が色濃く反映している。国有企業や政府の補助金を手厚く受けた企業が不公正な取引で米国市場を席巻し、米国人労働者の職を奪ったという白人労働者層を中心に向けた訴えが大統領選挙で成果を挙げたと考えるトランプ大統領にとっては、米国産業の再生と雇用の復活は再選戦略からも当然の成り行きであった。特に中国国務院が２０１５年に公表した「中国製造２０２５」で宣言した第5世代通信規格（５Ｇ）など、次世代の情報技術やロボット工学など合わせて10領域で「製造強国」にするという野心的な目標はトランプ政権の危機感をこの上なく高めた。技術の優位性は軍事力の優勢に直結するからだ。

1　三つの挑戦

二つの「ペンス演説」を経てホワイトハウスが2020年5月20日公表したのが「米国の対中国戦略アプローチ（USSAPRC）」報告書である。トランプ政権下の3年間にわたる米中関係を総括したうえで過去の政権の融和的な対中政策を見直し、対中政策の再構築を目指した基本文書である。まず、過去40年間の対中政策が前提としていたのは、関与を深めれば国内の開放が促進され、「建設的で責任ある利害関係者（stakeholder）になるだろう」との希望であった。だが、中国共産党（CCP）はルールに基づく自由で開かれた国際秩序を利用し、自らに有利な秩序に作り替えようとしてきた。「国際秩序をCCPの利益とイデオロギーに同調するように変質させる」ことを目指しており、そのような方針は米国の基本的利益を害するとの認識がこの「アプローチ」の基本として置かれている。

米国の中国に対する「競争的アプローチ」の目的は二つあった。第一に米国や同盟関係の中国の挑戦に対する「強靱性」を改善すること。第二に米国や同盟国、パートナー諸国家の利益に反する中国の行動を止めること。ただし、このアプローチは中国の発展を封じ込めたり、中国人民との関係を絶とうとするものではないとも断っている[15]。中国共産党（CCP）指導部、特に強権的な習近平政権と一般人民とを区別していることに注目しておきたい。

トランプ政権として受け止めている中国の「挑戦」は経済、価値、安全保障の3分野である。「経済的挑戦」は国家主導の保護主義政策が世界市場をゆがめた。世界貿易機関（WTO）加盟国という利益を得て世界最大の輸出国になる一方、非市場経済構造を維持して国家主導の重商主義的な貿易や投資行動を続けている、と批判した。さらに中国が国際的に展開する一帯一路政策は「国際規範や標準、ネットワークを中国の世界的利益促進のために作り直すことを意図したものの総称である」と定義付けた。

「価値に対する挑戦」は西側世界との「イデオロギー競争」が主テーマだ。習近平主席は2013年に二つの競争する体制間の「長期の争い」に備えるよう共産党に求め、「資本主義は死滅し社会主義が勝利する運命にある」と宣言した。習近平は2017年には「中国の特色を持つ社会主義システム」の強化によって「総合的国力と国際的影響力の両面で世界のリーダーにするのが中国共産党の目的だ」と述べた。このシステムは「マルクス・レーニン主義イデオロギーの中国的解釈に基づく」ものであり、CCPは国際的には「人類運命共同体という旗印の下に、習近平総書記の世界統治のビジョンを促進している」と「アプローチ（USAPRC）」は指摘した(16)。

「安全保障に対する挑戦」では、中国が脅しや威圧によって戦略目的を世界的に進めようとしていると非難した。具体的には黄海、東シナ海（沖縄県尖閣諸島を含む）、南シナ海、台湾海峡、中印国境を挙げて、挑発的、強制的な軍事および準軍事的活動を指摘した。（この「準軍事的活動」の中には、尖閣諸島周辺で領海侵犯や接続水域への侵入を日常的に行ってきている中国海警局の公船の活動も含まれる。海警は中央軍事委員会の指揮下に入り海軍との一体化が進んでいるが、中国は2021年2月1日に海警の公船や航空機に搭載した武器を使用して攻撃できる海警法を施行した）。

「アプローチ（USAPRC）報告書」は中国による軍事力増強は米国と同盟国の利益を脅かし世界の貿易と供給網（サプライチェーン）に対する複雑な挑戦になると警告した。さらに、「一帯一路が人民解放軍の海外での存在の拡大に関連していることを中国国防省も認めている」との記述もある。中国は東アフリカの小国ジブチに初の海外基地を建設した。ジブチはスエズ運河から紅海を通り、シーレーンであるアラビア海を経てインド洋に抜けるアデン湾の要衝である。

中国人民解放軍のジブチ基地への出発式典（2017年7月）を伝えた「ザ・ディプロマット」誌（電子版）によると、新華社通信は基地の役割として「軍事協力、共同演習、在外中国人の避難や保護」のほか、「国際的な戦略海路の安全維持」を挙げた[17]。つまり、二国間の軍事協力だけでなく、国際安全保障にかかわる人民解放軍の役割を明示したのだ。ここがポイントである。

式典の1年前、2016年3月8日の全国人民代表大会（全人代）の記者会見で王毅外相が語った言葉が象徴的である。「増大する海外の権益を守ることは中国外交の急務だ」。王氏は「伝統的な大国の拡大路線は取らない」「覇権も求めない」としながらも、「客観的な必要性に従い、また関係国の要請に応じて、中国はジブチのような必要施設を建設する」と述べている。条件が許せば他の地域にも拡大する意思を見せたのである。

アラビア半島とアフリカ大陸に挟まれた狭い紅海に面するジブチへの中国の軍事進出の狙いは、アフリカ、中東地域への影響力拡大の他にも、米国の「自由で開かれたインド太平洋戦略」を牽制する狙いがある。かつて植民地主義全盛時代に、帝国の経済権益、植民地拡大、その権益保護のため、盛んに軍事進出を進めた結果、帝国主義勢力の軍事衝突につながった歴史が想起される。

ジブチは「一帯一路」構想の一員になっており、ジブチの港湾当局の責任者は中国が既に２０１７年の時点で１５０億ドル近くを港湾の拡張と関連インフラのために小国のジブチに投資したと同誌は伝えた[18]。人口わずか95万人、国内総生産（ＧＤＰ）30億ドル（２０１８年、世界銀行）という同国の規模からすれば巨額の投資であり、「対外債務が増大している」（日本外務省ホームページ）とされる[19]。日本はソマリア沖・アデン湾の海賊対処のため、２００９年以来海上自衛隊の護衛艦、Ｐ３Ｃ対潜哨戒機をジブチの基地に派遣、日本船舶の安全確保に努めている。これは有志国による国際安全保障活動の一環として実施されており、国際テロリズムの拠点がある極めて不安定な中東、アフリカ地域の安定に貢献している。

米国のアプローチは対中政策の根本的再評価に基づいたものだ。中国による直接的な挑戦に応えるのは「原則に則ったリアリズム（現実主義）」である。米国は中国の約束よりも、実際の行動に対応する。米国が中国に要求するのは「具体的な結果、建設的な成果である」ことを明確にしたのである。「アプローチ報告書」では中国が「約束違反」をしてきたさまざまな分野を列挙した。貿易と投資、表現と信条の自由、政治的干渉、航行と飛行の自由、サイバーなどのスパイ行為や窃取、武器の拡散、環境保護、そして世界の保健など多岐にわたる。中国との交渉合意の条件については、米国として厳格な検証と厳正な執行のメカニズムが必要であることを強調している。対中交渉の姿勢では静かな外交が成果を挙げないときは米国は中国政府に対して「公の圧力をかけ、必要なら相応のコストを課すことによって米国の利益を守る」ことを明確にした[20]。トランプ政権が既に実施してきた対中貿易制裁もその一つである。このようなアプローチはトランプ政権に限らず、かつて日米経済紛争の際に米国が対日外交に使った方策で、中国に限らず米国の常套手段になっている。政権が共和党から民主党のジョー・バイデン政権に交代しても、このような米国の厳しい認識と外交交渉のスタイルは変わっていない。

2　米国の復権目指す

戦略兵器の分野では、中距離核弾道ミサイル配備では世界最大の保有量を持つ中国に兵器管理、リスク削減のためＩＮＦ（中距離核戦力）条約への参加を呼び掛ける一方、超音速兵器の配備を急ぐ。地域安全保障の分野では、同盟関係の強化を改めて打ち出した。安倍晋三内閣が２０１６年にアフリカで公式に打ち出した「インド太平洋構想」を踏襲して、米国防総省が２０１９年に初の「インド太平洋戦略報告」を発表した。これは「インド太平洋地域にかかわる政府の戦略」と規定され、トランプ政権の基本路線になったのである。
特に台湾については、中国全体の軍事力増強、台湾への軍事圧力の強化に対応して、台湾関係法に基づき２０１９年に１００億ドルの兵器売却を決めるなど、台湾への軍事支援を着々と進めてきた。中国は２０２０年5月開催の第13期全国人民代表大会（全人代）第３回会議では、新型コロナウイルスによる経済打撃で同年度の経済成長率の目標が初めて設定できなかったにもかかわらず、国防費は過去最高となる前年実績比６・６％増の１兆２６８０億元（約19兆１０００億円）を決定した。

「アプローチ報告書」は米国の「復権」を目指して国際社会における米国の影響力の推進を主張する。戦後の米国主導の「自由で開かれた国際秩序」の受益者である中国が「権威主義、腐敗、重商主義経済、民族や宗教への不寛容を助長するなら、米国はこれら有害な活動に抵抗し、反撃する国際的努力を主導する」と宣言した。中国の内政に干渉するつもりはないが、「米国の利益がかかり」「中国が国際的関与や責任する行動から逸脱する場合」には、「ワシントンは率直であり続ける」と警告したのであった(21)。

この「アプローチ」が公表された当時、既に香港における民主化運動への弾圧が進み、中英共同宣言（１９８４年）で50年間保証された「一国二制度」は有名無実化へ動き出していた。アメリカの強い要求をはねつける形で、中国の全人代常務委員会は２０２０年６月30日、香港国家安全維持法（国安法）を全会一致で可決、習近平主席が即日署名、公布した。施行日の７月１日は香港返還23年目の記念日であった。

トランプ政権が3年間におよぶ米中交渉を経て、対中戦略を再構築したのがこの「対中戦略アプローチ」である。2020年11月の大統領選挙で民主党のバイデン氏がトランプ氏に勝ち政権が交代した。しかし、中国側が「戦狼外交」と評される攻撃的な外交姿勢や経済行動、太平洋へのあからさまな軍事進出、経済力を使った「一帯一路」を軸とするユーラシア戦略に大きな変化がない限り、米国の対中戦略路線が根本的に転換する可能性はないだろう。なぜなら、トランプ政権の「アプローチ」も民主、共和両党による政権時代を含め長期におよぶ米国政府の対中関与政策の「失敗」という「歴史の教訓」の上に立つ「根本的な再評価」に基づいたものだからである。さらにマルクス・レーニン主義イデオロギーに立脚する習近平中国共産党指導部が「二つの体制間競争」に挑む姿勢をますます強めているからだ。世界の覇権を競う「米中冷戦」の火ぶたは切って落とされたのである。

第4節　潮目が変わった米中関係

米国はホワイトハウスの「対中戦略アプローチ」を受けて、集中的な攻勢に出た。香港で反中派容疑者の中国本土移送を可能にする「逃亡犯条例」改正案に反対の民主派のデモ（2019年6月）などに対する中国政府による統制強化を真っ向から非難し、香港に「一国二制度」を認めた中英共同宣言を無視する中国に対して制裁を含む立法措置も実施した。さらに数年来、アジア太平洋地域の不安定のもとになってきた南シナ海での国際法違反も糾弾した。

1 香港一国二制度に「死の宣告」

中国が施行した国安法は香港で国家の分裂や政権の転覆、テロ活動、海外勢力と連携して国家の安全と危害を加える行為を処罰する。国際条約の中英共同宣言で認められた「一国二制度」への「死の宣告」であった。日本政府は外相談話で「国際社会は『一国二制度』の原則に対する信頼に基づいて香港との関係を構築してきた。同法の制定はこの信頼を損ねる」として遺憾の意を表明した。アメリカ政府の動きは速かった。トランプ大統領は5月21日、国安法が全国人民代表大会（全人代）で審議に入る直前に「我々は極めて強力に対処する」と牽制した。同政権は前年11月に人権弾圧の場合、関係者に制裁を科す「香港人権・民主主義法」を成立させている。米国に歩調を合わせて英国、カナダ、オーストラリアの3ヶ国外相が5月22日に共同で「香港に高度の自治が保証された中英共同宣言の『一国二制度』の原則を阻害する」との非難声明を出した。これが6月17日の先進7ヶ国（G7）共同声明の土台になった。

英加豪外相声明と歩調を合わせて米国は同日、マイケル・ポンペオ国務長官が同法を非難する報道声明を発表した。「香港の人々の意思を無視する決定は、香港の高度の自治の弔鐘となるであろう」と断じ、「香港の自治と自由を侵害するいかなる決定も、アメリカの評価に必然的な影響を与える」と警告した(22)。

同法施行以後の米国による対中国・香港制裁を見ると警告通りの展開になった。トランプ政権は「自由対専制」の闘争宣言の意味を持たせたのだ。

これに対する中国政府の公式反論は「内政干渉」として拒否する極めて強い調子のものであった。香港問題を統括する国務院香港マカオ事務弁公室が即座に出した報道官声明は「中国の中央政府が国家安全維持の究極の責任を有する。『一国二制度』の実施を中国政府は確固として約束している」として、「国家安全維持法は純粋に中国の内政問題であり、いかなる外国も干渉する権利はない」と米欧の批判を突っぱねたのである[23]。

トランプ大統領は7月14日、香港の国安法施行に対抗して「香港自治法案」や貿易、経済面での対香港優遇措置を撤廃する大統領令に署名した。大統領令は「香港はもはや中国との関係で異なる扱いを受けるのを正当化するに十分な自治がない」、「香港情勢は米国の国家安全保障、外交政策や経済に対する異常で特別な脅威になる」として、これに関する国家非常事態を宣言した[24]。

米欧諸国からの批判にもかかわらず、香港の裁判所は12月2日、容疑者の中国本土引き渡しを可能にする「逃亡犯条例」改正案への反対デモ（2019年6月）で扇動罪に問われた民主派活動家の周庭（アグネス・チョウ）氏ら3人に禁固刑を言い渡し、収監した。また、香港で中国共産党政権への厳しい批判で知られ、民主化運動を支援してきた新聞社「リンゴ日報」創業者である黎智英（ジミー・ライ）氏も同日、収監された。習近平政権に対する国内外の批判勢力に対する強烈な警告であり、批判勢力を支持する自由・民主主義諸国による制裁などの「反中政策」には「一歩も譲らぬ」強硬な態度を明確に示したのである。同紙は21年6月24日付を最後に廃刊に追い込まれた。

2　南シナ海の権益を拒否

香港問題と同時進行の形で、南シナ海をめぐる米中の激突が展開された。注目点は二つある。国際法に照らして海洋権益の主張が認められるのか、また係争中の当事国の一方を支持しないという米国の外交的立場の変更である。南シナ海の大部分におよぶ海域に中国が「九段線」と呼ばれる線引きをして中国の主権がおよぶと主張してフィリピン、ベトナム、マレーシア、ブルネイや台湾など6ヶ国・地域間の国際紛争となっている。この海域はインド洋からマラッカ海峡を経て東南アジア、日本を含む極東にいたる通商上、重要な海上交通路（シーレーン）であり、また軍事的な戦略地域でもある。

ポンペオ米国務長官が２０２０年7月13日に声明を発表した。「南シナ海における海洋権益についての米国の立場」と題するもので、国連海洋上条約（ＵＮＣＬＯＳ）に基づく仲裁裁判所が下した「中国の海洋権益の主張は違法」とする判断を支持するとともに、提訴したフィリピンの主張を支持して「一方の肩を持たない」としてきた従来の外交方針を転換したのである。国務長官は「米国は、インド太平洋地域の重要かつ係争中の南シナ海における米国の立場をより強めたことを明確にする」とした上で、「南シナ海の大部分に及ぶ沖合の資源に対する中国の主張は完全に違法である」と宣言した[25]。米国の公式な主張は以下の通りである。

＊中国は脅しによって沿岸諸国の主権を損ね、国際法を「力は正義なり」に置き換えた。

＊中国がこの地域にその意思を一方的に押し付けるいかなる法的根拠もない。２００９年に「九段線」を引いたと発表したが、いかなる筋の通った法的根拠も示してこなかった。

＊２０１６年7月12日に仲裁裁判所の一致した決定で、中国の海洋権益の主張は国際法上何ら根拠がないと拒絶し、提訴したフィリピンの主張を明白に支持した。

＊仲裁裁判所の決定は最終的かつ（紛争当事国の）双方を法的に拘束する。中国の南シナ海の権益主張に対する米国の立場は裁判所の決定に沿ったものである。

この声明は各国と紛争中の岩礁の名前を一つ一つ挙げて中国の主張を拒否したのが特徴的である。さらに、「世界は中国が南シナ海をその海洋帝国（maritime empire）として扱うことを許さないであろう」として米国が南シナ海だけでなく「より広い地域」でも「力は正義なり」を押し付けることを拒否すると極めて強い調子で中国に対して宣告した。

これに対する中国の拒絶反応は素早く激烈であった。攻撃的な「戦狼外交官」として知られることになった中国外務省の趙立堅報道官は同14日の定例記者会見で「米国は南シナ海の歴史的事実を無視し」

「南シナ海で（一方の）立場をとらないという米国の公的な約束を破った」と米国を非難。さらに「仲裁裁判所は法の適用を誤った」と主張して「中国はその決定を絶対に受け入れない」と真っ向から裁判所を批判した(26)。

中国の公式の主張は以下の通りである。

＊米国の声明は国際法に違反し歪曲し、領土、海洋紛争を故意にたきつけ、地域の平和と安定を損ねる無責任な行動だ。

＊中国の南シナ海における主権、権利、利益は歴史の長い過程の中で確立されてきた。

＊中国は南シナ海に「海洋帝国」を築こうとしたことはない。南シナ海での我々の主権と権利、利益を守るに当たっては最大限の抑制をしており、近隣諸国を同等に扱っている。

＊仲裁裁判所は関係国の合意の原則に反し越権した司法権を行使した。事実関係と法の適用で明らかに間違っている。アメリカは政治目的でその決定を誇大宣伝している。中国は絶対にそれを受け入れない。

南シナ海問題での米中対決は、中国がフィリピンやベトナムと領有権を争っている岩礁を中国が埋め立てて人工島を造成し、その上に滑走路やレーダー施設などの軍事基地を建設し始めたことで激化した。米インド太平洋軍の活動の中心地域であり、中国の軍事進出を容認すれば米国のアジア太平洋軍事戦略が大きく制約されるからである。通商上も軍事上も「自由で開かれたインド太平洋」戦略で中国の影響力拡大阻止を目指す米国、南シナ海を「核心的利益」として死守する中国との確執の象徴となった。

3　体制間の選択迫る

トランプ政権下で極め付きの対中政策声明とも言うべきものが、「南シナ海声明」の10日後に行われた「共産中国と自由世界の将来」と題するポンペオ長官の演説である。この中で彼は「我々が覚えておかなければならないことは、中国共産党の体制はマルクス・レーニン主義体制であり、習近平総書記が破綻した全体主義イデオロギーの真の信奉者であるということだ」と断言した。そして「このイデオロギーこそ、数十年に及ぶ彼の野望を特徴付けるもので、米国はもはや米中間の基本的な政治的、イデオロギー的相違を無視できない」と述べ、「自由世界はこの新たな専制政治に打ち勝たねばならない」と、米中対立が体制間闘争に転換したという認識を示したのであった(27)。彼の激しい主張の表現に対しては厳しい反論もあるが、「専制に対する自由」の戦いという意識が独立以来の米国国民の底流にあることは無視できないだろう。

米中関係は既に貿易紛争から南シナ海、台湾海峡での「航行の自由作戦」による軍事的対立の激化、米国・ヒューストン、中国・成都にある総領事館の相互閉鎖という外交的対立にまで発展していた。この演説の場として西部カリフォルニア州のニクソン大統領図書館・博物館を選んだことにポンペオ長官の思いが込められていた。ニクソン元大統領が訪中する5年前に外交誌「フォーリン・アフェアーズ」に寄稿した論文の中で「世界は中国が変わるまで安全ではない。我々の目的は中国の変化を引き起こすことだ」と対中関与を目指す姿勢を示唆していたことをポンペオ氏は紹介した。ニクソンは歴史的な訪中によって対中関与戦略を開始したが「ニクソンが望んだような変化を中国にもたらさなかった」と結論付けた。ここでもまた、米国の関与政策によって「フランケンシュタインを創り出してしまったかもしれない」と中国の異常な巨大化を懸念したニクソンの言葉に言及している。米中国交による「対中関与」から「米中体制間競争」へ半世紀後の大転換を明確に示した演説であった。

ポンペオ演説はトランプ政権下で米中関係の「潮目が変わった」として、米国が世界に求めているのは「自由か専制かの選択」であることを強調したのである。「もし自由世界が変わらなければ、共産中国が間違いなく我々を変えてしまうだろう」と述べて、「今や有志諸国の新たなグループ、民主主義国家の新たな同盟を作る時だ」と自由世界に呼び掛けた。しかし、「米国第一主義」に固執して自由世界の軍事的「砦」である北大西洋条約機構（NATO）や2国間同盟関係に緊張とほころびを生じさせたのは当のトランプ政権である。「新たな有志連合」を呼び掛けたところで、当事者である民主主義国が呼応すると思うのは「奢り」とでも言うべきものである。自由諸国の結束のためには大きく傷付いたアジア、欧州の同盟関係を正常化することが先決で、この役割を担うことになったのが次期の民主党バイデン政権であった。

(1) *NATIONAL SECURITY STRATEGY of the UNITED STATES of AMERICA* (*NSS2017*)、https://www.trumpwhitehouse.archives.gov/wp-content/uploads/2017/12/NSS-Final-12-18-2017-0905.pdf

(2) Remarks by President Trump on the Administration's National Security Strategy, https://whitehouse .gov/briefings-statements/remarks-president-trump-administrations-national-security-strategy/

(3) John Bolton, *THE ROOM IT HAPPEND, A White House Memoir* (New York: Simon & Schuster, 2020), 359.

(4) Remarks by Vice President Pence on the Administration's Policy Toward China, October 4, 2018, https://www. whitehouse.gov/briefings-statements/remarks-vice-president-pence-administrations-policy-toward-china/

(5) Remarks by Vice President Pence at the Frederic V. Malek Memorial Lecture, October 24, 2019, https://www.whitehouse. gov/briefings-statements/remarks-vice-president-pence-frederic-v-malek-memorial-lecture/

(6) U.S-China Bilateral Relations:Lessons of History. Remarks by David R. Stilwell, Assistant Secretary for East Asia and Pacific Affairs. Center for Strategic and International Studies. December 12, 2019, https://www.state.gov/u-s-china-bilateral-relations-the-lessons-of-history/

(7) Ibid.

(8) Ibid.

(9) Ibid.

(10) Ibid.

(11) https://www.huffingpost.jp/2013/12/31/yasukuni-us-department-of-state_n_4522937.html

(12) *ANNUAL REPORT TO CONGRESS, Military andd Security Developments Involving the People's Republic of China 2017*.37 https://www.dod.defense.gov/Portals/1/Documents/pubs/2017_China_Military_Power_Report.PDF
(13) Summary of the 2018 National Defense Strategy of The United States ofAmerica.2 https://www.dod.defense.gov/Portals/1/Documents/pubs/2018-National-Defense-Strategy-Summary. pdf
(14) President Donald Trump's State of the Union Address (January30, 2018), https://www.whitehouse.gov/briefings-statements/president-donald -trumps-state-union-address/
(15) United States Approach to The People's Republic of China (USAPRC), https://www.whitehouse.gov/wp-content/uproads/2020/05/U.S.-Strategic-Approach-to-The-Peoples-Republic-of-China-Report-5.20.20.pdf. 1
(16) Ibid.2-5
(17) Charlotte Gao, "China Officially Sets Up Its First Overseas Base in Djibouti", *THE DIPLOMAT*, July 12, 2017, https://www.hediplomat.com/2017/china-officially-sets-up-its-first-overseas-base-in djibouti/
(18) Ibid.
(19) https://www.mofa.go.jp/mofaj/area/dibouti/index.html
(20) USAPRC, 9.
(21) Ibid., 14-15.
(22) https:www.state.gov/prc-proposal-to-impose-national-security-legisration-on-hong-kong/
(23) https://www.fmprc.gov.cn/mfa_eng/xwfw_665399_s2510_665401_2535_665405/t1781815.shtml
(24) 最後の部分の原文は "I hereby declare a national emergency with respect to that threat." https://www.whitehouse.gov/presidential-actions/presidents-executive-order-on-hong-kong-normalization/
(25) https://www.state.gov/u-s-position-on-maritime-claims-in-the-south-china-sea/
(26) https://www.fmprc.gov.cn/mfa_eng/xwfw_665399/s2510_665401/2511_665403/t797731.shtml
(27) Communist China and the Free World's Future, Speech, Michael R. Pompeo, Secretary of State, The Rich-

ard Nixon Presidential Library and Museum, July 23, 2020, httpss://www.state.gov/communist-china-and-the-free-worlds-future/

第3章　変容する中国の対米戦略

第1節　「強国外交」への挑戦

1　脱出できるか「中所得国の罠」

新型コロナウイルス禍で世界の経済、社会が未曾有の危機に陥っていた2020年、習近平指導部に「朗報」がもたらされた。国際通貨基金（IMF）の「世界経済見通し（WEO）」（10月発表）によると、2019年の中国の1人当たり国内総生産（GDP）は1万580ドルでついに1万ドルの大台を突破した。2023年2月に中国国家統計局は2022年に1万2608ドルになったと発表した。1人当たり国民総所得（GNI）が世界銀行の分類で「高所得国」の基準（1万3205ドル）にあと僅かで到達する(1)。3000ドルから1万ドル超の「中所得国」のランクから抜け出したあと、「高所得国」のレベルになかなか達しない「罠（わな）」に捕まる国が多い中で中国は脱出の出口に手が届くところまで来た。中国は2021年3月の全国人民代表大会で採択された長期目標で、2035年までに1人当たりGDPを中レベル先進国並みの水準（3～4万ドル）に引き上げることを目標としている。そのためには国際競争力を高める産業構造の転換が必要であり、共産党が支配する国営企業の改革が必須条件であろう。ともかく、経済成長の実績を背景に自信を深めた習近平政権が強硬な外交路線をさらに推し進める国内基盤を固めたと言える。

2　鄧小平の柔らかな手

中国の高度経済成長で思い出すのは鄧小平である。日中国交正常化（1972年）から6年後、福田赳夫内閣の下で日中平和友好条約が発効した。その翌年の79年12月に大平正芳首相が北京を訪問した。40年以上前になるが、著者（鍋嶋）が首相に同行して北京での会談を取材した当時の古い記者手帳を繰って見た。12月6日に大平首相が人民大会堂で最高実力者の鄧小平副首相と会談した時のやり取りのメモが残されている。

大平首相　「中国の近代化をどう進めるのか。中国の将来についてどういう自画像をお持ちか？」

鄧副首相　「今世紀末（2000年）までにある程度の状態までに国民所得を持ち上げたい。（一人当たり国内総生産＝GDP）1000ドルくらいのレベルにまで何とかもっていきたい。中国にふさわしい対外援助、国際貢献を少しはできるような国になりたい」

鄧小平は20年先の具体的な数字まで挙げて見せた。中国の１９７８年の一人当たりＧＤＰは２２９ドルだったが、鄧の改革開放政策で中国経済は躍進し、世紀末の２０００年には９５９ドルと想定通りになった。そして、その20年後には50倍の1万ドルの大台をクリアし「中所得国の罠」から抜け出す光が見えたのである。中国経済が飛躍、２０１０年に日本を抜いて世界第二の経済大国にのし上がるについては、大平訪中で始まった日本政府による通算3兆円に上る円借款が「跳躍台」として大きな役割を果たしたのは言うまでもない。しかし、中国共産党政権は歴代、経済的飛躍に果たした日本の貢献について国民に周知させようとはしなかった。このことは日本国民の多くが知らされていない。国民に広く周知しない政府（外務省）だけではなく、報道しないマスコミにも責任がある。

大平正芳―鄧小平会談の際に同行記者の筆者はこの最高権力者と握手する機会に恵まれた。握ったその手はまるで少女のそれのように小さく柔らかな感触で驚いた記憶がある。党内の権力闘争で3度追放されたが、3度復活を果たした苛烈な経験の持ち主とは思われない手であった。だが、最高実力者であり共産党中央軍事委員会主席としても全権を掌握した鄧小平は１９８９年6月4日、民主化を要求する天安門前広場でのデモ隊に対し戒厳令を発して多数の犠牲者を出す武力弾圧した。人民解放軍の戦車の前で「止まれ！」と両手を広げて叫ぶような仕草のデモ隊の1人の写真は「六四天安門事件」を世界に知らしめた貴重な1枚だった。彼のその後の運命は誰も知らない。民主派にとって鄧小平の「柔らかな手」は中国の民主化運動を徹底的に弾圧した「魔の手」でもあったのである。コインには両面ある。西側世界にも受けがよかった「改革開放」の裏側をも鄧小平は見せたのであった。

3　国際秩序の最大の受益者

大平訪中当時の中国の「主敵」はソ連であり、「対ソ」の一点で「米中は軍事戦略的に一致しており」「強大な中国は米国の利益になる」というのが日本外務省の認識であった。これは当時の米国の見方とも一致する（第2章第2節参照）。中国からすれば「大平訪中は対ソ戦略を進める上で大きな意味」があり、大平政権を高く評価していたのだ(2)。

鄧小平の改革開放路線で経済発展を進めつつも、自らの能力を隠し力を蓄える「韜光養晦（とうこうようかい）」に徹した中国は西側先進国との関係緊密化、米国が主導してきたリベラルな国際秩序を利用して国際組織に参画し、2001年には国際貿易機関（WTO）への加盟を実現した。これには米国の強力な後押しがあったことは既に述べた通りである。この路線は1人当たりGDP1万ドル突破に大いに貢献した。中国の対外政策の歴史的変化を論じた青山瑠妙・早稲田大学教授によると、1980年代から推進してきた「富国外交」は大きな成果を挙げ、多くの国にとって最大の貿易相手国になり、

２０１０年には日本を追い抜いて世界第2位の経済規模、２０１６年には世界第2位の対外投資国になった。「中国はいわば既存の国際秩序の最大の受益者」(3)という果実を手にしたのである。

４　国益の再定義

２００８年のリーマン・ショックという世界金融危機を「国際秩序の変動期の到来」とみた中国は富国外交から強国外交へと転じた。それは「台頭のための対外戦略」であり、「国益の擁護」、「国威発揚」、「国際環境の安定化」が重要な政策目標になった。排他的経済水域（ＥＥＺ）の概念を導入した国連海洋法条約の発効（１９９４年）を契機に中国は国益を再定義して「国家主権」、「安全」、「発展利益」に資する外交政策を重視し、海洋問題などの「核心的利益の問題」においては強硬な姿勢を示すようになったと分析されている(4)。

東シナ海の尖閣諸島（沖縄県石垣市）への領有権を中国が主張し始めたのは海底に石油・天然ガス資源埋蔵の可能性を指摘した国連の報告が出た１９７０年代以降だが、海警局の公船（巡視船）が領海や接続水域に頻繁に侵入し始めたのは日本政府による国有化（２０１０年）を境にしてからだ(5)。強国外交へと転じた時期と重なる。国益として重視する「発展利益」にも注目したい。中国の全国人民代表大会（全人代）の常務委員会は２０２０年12月に国益が脅かされた場合に人民解放軍を動員できるよう11年ぶりに安全保障の基本法である国防法の改正案を可決、習近平国家主席が即日署名し、2021年1月1日に施行された。軍が守るのは国家主権、領土などと並び「発展利益」を明記した(5)。尖閣諸島の領有権をはじめ、南シナ海での海洋権益の主張や「一帯一路」構想のユーラシアへの展開が他国によって妨害された場合、さらには中国に対する経済制裁措置も「発展利益」の侵害と見なされて報復措置をとる可能性もある。トランプ政権による対中経済制裁が国防法改正を進める契機になったとも考えられるが、それだけではない。長期戦略で世界各地への経済的、軍事的進出に伴って生じる摩擦を想定しているからであろう。強国外交を軍事面で強力に支える法的基盤は整ったのである。

さらに、国防法改正に続き全人代常務委員会は2021年1月22日、中国海警局に武器使用を認める権限を定めた海警法を可決、成立させ2月1日施行した。海警局の巡視船は東シナ海の尖閣諸島で日常的に領海侵入を繰り返しており、武器使用を認めたことで日本に対する軍事圧力を一層強めた。中国が巡視船には不釣り合いな1万トン以上の大型船や軍艦に装備する機関砲を備えているのも、以前からこのような計画があったと考えて不思議ではなく、東シナ海や南シナ海における軍事的緊張が高まるのは避けられない。日本政府は海上保安庁、警察だけでは対応し切れない事態を真剣に想定して、グレーゾーンで切れ目なく自衛隊の出動を迅速に可能にする法的措置を急がなければならない。既にそのような緊迫した情勢が中国のよって東シナ海に作り出されているからである。領土、領海の侵食に対抗する措置は待ったなしである。しかし、日本にはこれに対応する法的整備がなされてこなかったのは政府だけでなく政権与党の自民党、公明党に危機感がまるでない「平和ぼけ」が骨の髄まで染み込んでいたせいだろう。

5　グローバル・ネットワーク戦略

このような国益の「再定義」を受けて、中国の対外戦略は大きく変化した。強国外交の展開で影響力を拡大する戦略の中心が「グローバルパートナー関係ネットワーク」構築である。習近平国家主席は2014年にこのネットワークを通じて、グローバルガバナンスにかかわる国際システムの改革を促進する戦略を初めて提唱した(6)とされる。20ヶ国・地域（G20）やBRICS（ブラジル、ロシア、インド、中国、南アフリカ）を特に重視、「BRICS＋α」戦略でアフリカ、中南米、さらに上海協力機構（SCO）、南アジア地域協力機構（SAARC）との会合を組織してBRICSの政治的影響力拡大に力を入れている。中国の対外政策を構造的に転換したこの「グローバルパートナー関係ネットワーク」は「中国の対外戦略の代名詞となった」と評価されている(7)。

経済領域でも東南アジア諸国連合（ASEAN）やパキスタンとの自由貿易協定（FTA）に加えて、日中韓やSCOなどとのFTA構想にも積極的で東アジア地域包括的経済連携（RCEP）は2020年11月15日、日中韓、ASEANなど参加15ヶ国の署名に持ち込んだ。環太平洋経済連携協定（TPP）についても習近平主席がその5日後の11月20日、アジア太平洋経済協力会議（APEC）の首脳会議で演説し「TPP参加を積極的に検討する」と公式に表明した。中国としては初めての参加表明で、世界である種のショックをもって受け止められた。

TPPの原加盟国であった米国がトランプ政権発足とともに離脱しており、バイデン新政権が発足する前に国際経済秩序の構築に主導権を取るべく先手を打った発言とみられた。バイデン政権は発足直後に、TPPへの復帰に当たっては大統領選挙の支持基盤の労働者層の要求を反映して条件を強める構えで、極めて慎重な姿勢を明確にしてきた。TPPでは関税自由化や知的財産保護などのルールが厳格である。国有企業に関する規律も厳しいものがあり、中国が参加しようとすれば共産党が支配する国有企業にメスを入れる根本的な改革は避けて通れない。これは習近平国家主席にとっては大きな政治的リスクとなる。

それでもなおこの習発言は重い。バイデン政権の下でも厳しい米中対立が続くと想定される中、米国のアジアにおける影響力の低下という情勢を踏まえて中国がアジア太平洋地域で貿易や投資のルール作りで主導権を取る「絶好の機会」と見ているためであろう。中国政府は2013年以降、国内でTPPに基準を合わせた自由貿易試験区を4回にわたり設置したという(8)。多国間ネットワーク構築という外交戦略上からも、TPP参加問題は避けては通れない課題だからだ。米国のバイデン新政権が支持基盤の労働者層への配慮からTPP復帰へ消極的姿勢を取っており、中国としては対米覇権競争の中で中国主導の国際秩序を構築しようとする最も有力なテコの一つになり得るからである。中国は実際に

２０２１年9月16日に正式な加盟申請を行った。ＴＰＰ脱退の米国に対する明らかなけん制である。先を越された台湾も同22日に加盟を申請した。

中国の参加表明でＴＰＰが国際的に注目を集める中、欧州連合（ＥＵ）を２０２０年末に離脱したばかりの英国が２０２１年2月1日、ＴＰＰ加盟を申請、23年7月16日の加盟国閣僚会合で正式に認められた。ＥＵ離脱で欧州大陸から孤立する英国が自由経済圏の拡大に活路を見出す外交に出たことはインド太平洋地域への関与を強めることにもなり、中国の経済的、軍事的な拡張主義政策を牽制する意味でも歓迎すべき動きだ。英国はこれに先立ち日英自由貿易協定（ＦＴＡ）を結んだだけでなく、軍事的にもインド太平洋地域に新鋭空母「クイーンエリザベス」を派遣するなど「アジア回帰」の姿勢をはっきりさせてきた。

第２節　シャープパワーと「戦狼外交」

習近平政権は共産主義イデオロギーに基づいた外交戦略の一環として、自由主義国家の政治、経済、社会体制に影響を与えようと浸透工作を広く進めてきた。中国発の「シャープパワー」は自国や香港の自由と民主主義の弾圧にとどまらず、他国の教育や企業への介入も辞さない姿勢を露わにしてきた。

外交誌「ディプロマット」に「世界は中国のシャープパワーに目覚める」を寄稿したサイモン・シェン

博士はシャープパワーについて「権威主義的体制が文化、教育システムやメディアを操作し利用するために振るう力」との「定義」を紹介した。その体制のアプローチは表現の自由を制限し、民主主義国家の政治環境をゆがめる一方、外部からの影響を遮断することを目的としているとして中国の外交政策は近年、経済力をテコにしてソフトパワーからシャープパワーに転換したと分析している(9)。

1　国際社会への「警鐘」

中国のシャープパワーの一例として、米欧の大学や研究機関に設置された孔子学院が挙げられる。中国語と中国文化を広めるというのが建前だが、中国政府関連の資金提供の透明度の問題、大学での中国共産党に関する批判的な議論の検閲などから問題視され、各国で閉鎖に拍車が掛かっている実情も紹介された。中国は全米バスケットボール協会（NBA）やプロサッカー・チームなど海外企業にもさまざまな脅しをかけているが、典型的な例として香港に本拠があるキャセイ・パシフィック航空の事件がある。同航空の親会社Swireの社員が香港の反政府デモに参加したとして中国が圧力をかけ、最高経営責任者（CEO）を辞任に追い込んだ。この事件は中国の管理下にある国際企業が直面する危険に対する「警鐘」となったと筆者は述べた。その背景として現在の中国が文化大革命時代に逆戻りして中国共産党と強硬な保守派が世論を支配し、経済活動から外交政策まですべての領域で硬直した共産党のイデオロギーに同調するよう強要しているからだと見ている[10]。中国の「シャープパワー」は全体主義体制国家から民主主義国家に対する浸透工作を表す警戒的用語として認識されるようになったのである。

2　戦狼外交官の登場

2020年前半、新型コロナウイルス感染症の世界的拡大に伴い、「中国・武漢が感染源」とする米トランプ政権の主張に反駁する中国からの激しい言辞に世界は驚かされた。その代表格が外交部（外務省）の趙立堅報道官で、3月12日のツイッターにこう書き込んだのだ。

「武漢にウイルスを持ち込んだのは米軍かも知れない。包み隠しのないようにするべきだ！アメリカのデータを公開せよ！アメリカは我々に説明する義務がある！」[11]。

外交官とは思えない乱暴な発言によって、趙報道官らは「戦狼外交官」と呼ばれる存在になった。中国で人気のアクション映画「戦狼」に由来するとされる。元をたどると、1980年代のアメリカ映画「ランボー」で主役のシルベスター・スタローンがベトナム戦争の帰還兵に対する社会の根強い偏見と差別に激しい怒りを爆発させたストーリーがモデルとなったとみられる[12]。

「戦狼外交」の定義に関して松田康博東京大学教授は、コロナウイルスが世界的に大流行した「パンデミックの責任回避と香港国安法に関して対外的に強硬な外交を展開した」習政権が「『自国の正しさ』を強調し、『相手の過ち』を強烈に指弾し、報復を辞さない『戦狼外交』は異様な印象を残している」と指摘した[13]。「戦狼外交」についてさまざまな事例を詳しく分析しその特徴、背景、外交的効果と今後の見通しについては、防衛省防衛研究所の山口信治氏（地域研究部中国研究室主任研究官）の論文に詳述されている[14]。戦狼外交官の言動の特徴として「より攻撃的で中国の意に染まない外国の行動に対して経済制裁を示唆したり、陰謀論的言説を拡散させようとする」ところにある。さらにツイッターをはじめとする「ソーシャルメディアが主戦場の一つ」とされる。なぜか中国が目の敵とした米国のトランプ大統領の手法とそっくりのスタイルである。現代社会のメディア戦の主要な兵器としてソーシャルメディアが登場したことと無縁ではない。彼らが外交の最前線に躍り出てきた背景として、習近平及び中国共産党中央の「集権化」による党の外交部に対する「指導の強化」が第一に挙げられる。さらに対外政策の執行における党の監査の強化が指摘される。象徴的とされるのが外国経験がない斉玉・元共産党中央組織部副部長の外交部党委書記（外交部長＝外相に次ぐナンバー2）への起用であり、彼は陝西省出身で習一族とコネクションを持つとされる。党から省庁への「お目付役」だ。

中国共産党政権は米国などの国外勢力が中国国内に民主主義や自由主義など欧米の価値観を浸透させ、「体制転換を目論むことに強い警戒感」を持ってきた。香港の抗議行動もその背後に欧米の策動があったと見ており、中国は「国内および国際的な『話語権』（中国のストーリーを拡散し、情報・言論空間を支配し、中国のストーリーを浸透させるパワー）を強化することが欧米との闘争において不可欠と考えるようになっている」という(15)。「戦浪外交」は一部の外交官の跳ね上がりなどではなく、習近平執政下で必然的にその体制の本質が現れたものと見る他はない。そのような強硬な外交行動は世界各国の反発を生み、「完全に逆効果」となっているにもかかわらず、過度の集権化によって政策の軌道修正力が弱まっているため、強硬な外交姿勢が「基本的には継続する」と山口氏は結んでいる。日本が対中外交を展開する上でもしっかり見据えておかねばならない視点であろう。

第３節　硬直化する対米政策

習近平政権下の中国の対米認識は試行錯誤を繰り返しながら、トランプ政権が繰り出した貿易、安全保障など矢継ぎ早の関税引き上げ、制裁措置などが厳しさを増すにつれて国内のナショナリズムの高まりも反映して強硬路線を強めてきた。この背景には対米交渉そのものの難航だけではなく、習近平に降りかかる政治的リスクの強まりも反映しているとみなければならない。

1　妥協許さぬ権力集中

在上海総領事として対中外交の現場を直に経験した小原雅博東京大学教授は米中関係をパワー・国

益・価値の3つの要素から分析を行った。「コロナ複合危機」をいち早く脱出した中国が自信を強め、「力による現状変更」によって国際政治を揺るがしている。「戦狼外交」も一つの現れに過ぎない。このようなパワーの視点からは「トゥキディデスの罠」の「蓋然性も高まる」と判断される。また「習近平氏は『国家の核心的利益を譲れぬ一線として堅持し、国家の主権・安全・発展上の利益を守る』との原則を外交思想の柱に位置付けてきた」以上、国益についての妥協は許されないのである。

さらにコロナ危機によって、「中国の特色ある社会主義制度が明らかに優勢である」と強調する習近平体制と欧米民主主義体制との対決は、「習近平は全体主義イデオロギーの真の信奉者」とするポンペオ演説（2020年7月23日）にみられる対中強硬論が飛び出して決定的になった。「イデオロギー闘争が強まれば、米中『新冷戦』が現実味を帯びることになる」と小原教授は事態の深刻さを指摘した(16)。体制間競争の号砲が鳴ったのである。

トランプ政権が発足した2017年以降、米中の戦略的競争が激化した結果、「対米関係の安定」という中国の外交政策の前提が「大きく変化」してきたとみる山口信治防衛省防衛研究所主任研究官はその国内要因に注目する。習近平は反腐敗闘争によって権力を集中させたのち、「制度的集権化、監察の強化、社会への抑圧の強化によりレーニン主義体制の再活性化を目指して」おり、中国の戦略的な硬直化をもたらす可能性を指摘している。ナショナリズムの高まりの中で政府への不満をそらすために強硬な対外路線をとる力が働く。対米譲歩が国内政治的なコストを高める結果、安易な妥協ができなくなる。

習近平への権力一極化により対米政策の失敗や譲歩は「習近平の責任問題となる可能性」があるという権力集中の副作用も否定できない。このような国内の政治的要因を抱えた習近平体制の下では「少なくとも短期的に米中の対立状況が緩和されることは難しいであろう」との見通しを筆者は２０２０年春の段階で示していた[17]。トランプ政権に代わり２０２１年１月に民主党のバイデン政権が発足したが、少なくともレーニン主義を標榜する習近平政権の基本的な路線が変更されない限り、米中対決関係が基本的に緩和される見通しは生まれにくいであろう。

第４節　軍事大国への鍵「技術覇権」

習近平体制下で中国は経済力とともに軍事力強化に邁進してきた。その国家戦略とは何か？　目指す大きな目標は中華人民共和国の建国１００周年の２０４９年までに「中華民族の偉大な復興」を遂げることである。習政権は21世紀の最初の20年間（２００１年～２０２０年）を「戦略的機会の期間」ととらえて、米国をしのぐ覇権国家にすることにある。トランプ政権時代の米国防総省による「中国軍事力報告２０１８年版」は中国の戦略目標について次のように規定した。

（１）大国としての地位を確実にし、究極的に地域的優越を再び確保する。
（２）経済力、外交、軍事力をテコに国家目標を促進し、国際的影響力を拡大する。

（3）中国の海外での権益を保護する[18]。

経済発展は技術革新（イノベーション）を契機として飛躍的に進展する。どの時代でもいかなる技術の進歩も民生用にも軍事用にも適用可能であり、技術そのものに産・軍の境はない。原子力が発電など平和利用される一方で、核兵器や原子力空母などの戦略兵器に使われてきた歴史が物語る。コンピューターもしかりである。技術が先端的であるほど、産業でも軍事でもそれに対する需要は必然的に強い。そこに「軍民融合（Military-Civil Fusion=MCF）」の必然性がある。中国が経済強国から軍事強国へと発展を目指す過程で、技術をめぐる覇権争いが表面化するのは避けられないことであった。「中国製造2025」が注目を集めたのはこのような背景があったからである。

1　国家戦略の「中国製造2025」

中国政府は2015年に「中国製造2025」を公表した。ロボットや次世代情報技術などの戦略産業に高い目標を与えることで技術革新力を飛躍させることが目的とされる。国内企業に補助金などの優遇措置を講じる一方、外国企業には中国市場へのアクセスと引き替えに高度の技術移転を要求して米欧先進諸国から強い警戒感を呼び起こした。

防衛省防衛研究所編の「中国安全保障レポート２０２１」によれば、「中国製造２０２５」は上記の技術を含め、合計10領域に力点を置きつつ、中国を「製造強国」として確立することを目指した[19]。そこでは国内外の占有率の具体的な目標が示され、移動端末チップは２０２５年に国内市場占有率40％、国際同20％、国産高性能計算機及びサーバーは国内80％、国際40％という具合である。この計画は、「総合的な技術力で米国を凌駕しようとする意欲を示すもの」と受け止められた[20]。

トランプ政権が国家安全保障の観点から中国への技術の移転や流出に警戒感を強め、中国の通信機器大手の「華為技術（ファーウェイ）」への締め付けを強化したのも、このような背景からであった。中国企業による市場占有率の目標設定が欧米の先進国からの批判を呼んだことから、中国政府は２０１８年６月には「中国製造２０２５」に言及することを避けるよう指示を出したが、米国は実態はそれに沿った政策の実施を幅広く続けてきたと見ている[21]。

２　中核は「軍民融合」

習近平政権は２０４９年までに人民解放軍を世界一流の軍事力に強化する目標を立てている。その戦略の中核に位置するのが「軍民融合開発戦略」（Military-Civil Fusion（ＭＣＦ）Development Strategy）だ。ＭＣＦについて米国防総省は「中国の復興という目標を支援するために経済、社会戦略と安全保障戦略を『融合』させ、統合させた国家戦略のシステムと能力を築くこと」と定義した。その目的は、軍事目的に使える先進的な軍民両用が可能な技術を開発し取得すること、より広くは経済、軍事、社会統治を「統合」することで中国の国力の全システムを強化することにある(22)。

ＭＣＦ戦略として（１）国防産業と民間技術・産業基盤の融合（２）軍事、民間にまたがる科学、技術の革新の統合（３）人材開発、軍民の専門知識の融合など６つの相互に関連する取り組みが紹介されている。ＭＣＦを支えるのは、産業政策としての「中国製造２０２５」に加えて、海外からも含めた人材採用の「千人計画」である。

３ 「千人計画」に日本人も

戦略的な産業の振興のためには先端技術と、それを開発できる人材の獲得が欠かせない。中国共産党中央によって２００８年に決定された「千人計画」は技術導入を目的とした人材獲得政策の一つであり、ＡＩ（人工知能）、量子通信、集積回路など広範な分野に及ぶ。「中国安全保障レポート２０２１」によると、軍民両用の技術が多いため政府の規制をすり抜ける場合が多い。把握が困難な形で民間の技術が軍事技術として中国に流れるパターンとして、（１）外国企業の誘致、技術協力、買収による技術移転、（２）留学生、研究者を通じた情報窃取、（３）情報機関が行う産業スパイ活動―などを挙げている。

中国は米国など海外に人材が流出する"Brain Drain"から人材を獲得する"Brain Gain"へと政策転換を図った。それが「千人計画」である。その主要なターゲットは先端技術の先進国アメリカに籍を置く研究者であった。米上院委員会の報告によると、２０１７年までに７０００人の研究者、科学者を獲得したとされる。彼らが中国に帰国ないし渡航する際に不正な情報窃取をしていた例が報告されている。（１）中国に帰国前に３万件の電子ファイルを抜き取り、（２）政府の資金援助申請に際して虚偽情報を提出、（３）軍用ジェットエンジンにかかる国防特許情報を窃取―などの例が報告されている。米政府が調査を始めたところ、中国は２０１８年秋からウェブ上で「千人計画」や参加の科学者の名前などを削除した。しかし人材獲得計画自体は続いているという[23]。

日本人研究者が「千人計画」に参加していたことも報道で明らかになった。少なくとも44人が関与していたことを読売新聞が伝えた。このうち13人は日本政府の「科学研究費」を受け取っており、過去10年間に13人に渡った科研費の総額は45億円に上るとされる。44人の中には、「軍民融合」戦略の担い手で中国人民解放軍に近い北京理工大学など「国防７校」に所属していた研究者が８人いたという。このうち５人は日本学術会議の元会員や元連携会員だと報道された。日本学術会議は「軍事研究否定」の声明を出してきたが、高額の研究費と待遇に誘われて中国に渡った研究者たちが、意識していたかどうかにかかわらず、中国の軍事研究・開発に直接、間接に関与していた可能性は否定できない。日本には報道当時に政府による「千人計画」への参加規制はなく、実態把握もできていないのが実情であった[24]。

4　21世紀覇権競争も「技術」

米ソ冷戦時代もそうであったが、21世紀の米中対立は技術の優位をめぐる覇権競争でもある。その背景はこれまで述べた「中国製造2025」や「軍民融合」戦略にみられたように、新産業と新技術の支配をめぐる争いだ。イノベーションによる新技術の獲得が産業及び軍事（兵器生産、作戦領域のサイバー、宇宙への拡大を含む）戦略における対米優位を獲得する唯一の道だと中国共産党中央が確信して手を打ったのである。

トランプ政権は中国の通信機器大手、華為技術（ファーウェイ）を安全保障上の危険があるとして高速通信規格「5G」のネットワークから排除するよう同盟各国に圧力を掛けた。この背景には中国政府が中国企業に対して情報提供を義務付けたことがある。安全保障にかかわる機微な情報が中国製の機器を通じて筒抜けになるという深刻な懸念と危機感がワシントンで募ったのであった。当初は中国製の5G機器の導入を認めていた欧州諸国も次第に排除する動きに転じた。特に米国と機密情報を共有する英国、カナダ、オーストラリア、ニュージーランドの「ファイブアイズ」5ヶ国は米国の要請に同調する姿勢を取った。5G問題は米中の「技術覇権」をめぐる象徴的テーマになったのである。

「技術覇権」とは「特定の技術を保有し、他国が長期にわたってその技術を得られない状態を作り、その技術を用いて国際秩序を形成する力」と定義付けられる[25]。それをめぐる争いは、国際的な経済社会活動に大きな影響を与え、さらに軍事的な能力にも貢献する技術分野で起きており、新興技術が生み出す14分野が示されている。これらの技術が軍事的に使われれば、「安全保障秩序も変化させ得る可能性」があるため、米中どちらが優位に立って社会、軍事システムに応用できるかの競争が「『技術覇権』をめぐる競争」とされる[26]。

米中対立の「深層レベルには、軍事・産業・情報通信の分野での技術覇権をめぐる中国との競争で不利な形勢を巻き返そうとするワシントンの取り組み」があり、技術的優位をめぐる米中の競争は「21世紀型覇権国の条件を模索しながら走る競争」と位置付けられている[27]。トランプ政権時代に始まった高速通信規格５Ｇをめぐる米中の対立は欧州、アジアにも「飛び火」し、各国が対応に追われた。欧州は中国との関係で安全保障上のリスクを生みだしているとの認識を深めた結果、対米関係の再調整に動き出した。米国にバイデン政権が誕生したことで弾みがついた。トランプ時代に傷付いた米欧関係を修復しつつ、米国と欧州連合による「技術同盟」の可能性にも米国の識者は言及している[28]。技術覇権をめぐる情勢は新たな国際秩序を模索して、米中対立の枠を超えたグローバルな展開を始めたのである。日本は取るべき方策について国家としての戦略的検討を早急に進めるべきである。

（1）International Monetary Fund, *WORLD ECONOMIC OUTLOOK, OCTOBER 2020*, https://www.imf.org/ja/Publications/WEO/issues/2020/09/30/world-economic-outlook-october-2020

（2）大平正芳・鄧小平会談は筆者（鍋嶋）の取材メモ（１９７９年12月６日）および１９７９年11月の日本外務省背景説明（バックグラウンド・ブリーフィング）。

「中国、『高所得国』届かず」日本経済新聞２０２３年３月１日付朝刊。

（3）青山瑠妙、「中国の対外政策の構造的変動」、『国際問題』２０１９年10月号。No.685, 35-44.

（4）青山、同。

（5）日本経済新聞２０２０年12月27日付朝刊。

（6）青山、39.

（7）青山、40-41.

（8）青山、41.

（9）Simon Shen, The World Is Awakening to China's Sharp Power, *THE DIPLOMAT*, June 23, 2020, https://www.thediplomat.com/2020/06/the-world-is-awakening-to-chinas-sharp-power/ Shen 博士は国際関係のスタートアップ企業GLOs（Glocal Learning Offices）の創業者会長で、香港大学などいくつかの大学の客員准教授も務める。

（10）Ibid.

（11）https://twitter.com/2lj517status/1238111898828066823 同報道官は４月にこの発言を訂正した。

（12）Wilson VornDick.Analysts Take Note:*Wolf Warriors* the New Chinese Rambo, *THE DIPLOMAT*, September 20.2017, 著者は米海軍予備役中佐。

（13）松田康博、「新型コロナウイルス感染症と中国の対外関係悪化過程」『国際問題』２０２０年10月号。No695. 39-51.

（14）山口信治、「中国の戦う外交官の台頭？」防衛省防衛研究所NIDSコメンタリー第１１６号２０２０年５月26日。https://www.nids.mod.go.jp/publication/commentary/pdf/commentary116.pdf

（15）山口、4.

（16）小原雅博、「コロナ時代の国際政治」『學士會会報』第９４５号（2020-Ⅵ）。4-9.

（17）山口信治、「米中戦略的競争と中国の国内要因」、日本国際問題研究所『中国の対外政策と諸外国の対中政策』（令和元年度外務省外交・安全保障調査研究事業）。２０２０年３月、15-34. https://www2.jiia.or.jp/pdf/researcch/R01_China/ ２０２０年７月１日公表。

（18）*ANNUAL REPORT TO CONGRESS, Military and Security Developments Involving the People's Republic of China 2018*, Office of the Secretary of Defense, August 16, 2018. 43. media.defense.gov/2018/Aug/16/2001955282/-1/-1/1/2018-CHINA-MILITARY-POWER-REPORT.PDF

（19）岩本広志・八塚正晃、「中国の軍民融合発展戦略」、『中国安全保障レポート2021―新時代における中国の軍事戦略―』防衛省防衛研究所編。２０２０年11月13日公表、62.「10大重点産業分野」は次世代情報技術、先端デジタル制御機械・ロボット、航空・宇宙設備、海洋エンジニアリング設備・ハイテク船舶、先進軌道交通設備、省エネ・新エネ自動車、電力設備、農業機械、新素材、バイオ医薬・高性能医療機械。

（20）梅本哲也静岡県立大学名誉教授「トランプ政権の対中認識・政策」、日本国際問題研究所『中国の対外政策と諸外国の対中政策』（令和元年度外務省外交・安全保障調査研究事業）。２０２０年３月、139-140. https://www2.jiia.or.jp/pdf/research/R01_China/

（21）*ANNUAL REPORT TO CONGRESS, Military and Security Developments Involving the People's Republic of China 2020*, Office of the Secretary of Defense, September 1, 2020, 15. https://www.defense.gov/2020/Sep/01/2002488689/-1/-1/1/2020-DoD-CHINA-MILITARY-POWER-REPORT-FINAL.PDF

（22）Ibid., 18.

（23）Threats to the U.S. Research Enterprise: China's Talent Recruitment Plans, STAFF REPORT, PERMANENT SUBCOMMITTEE ON INVESTIGATIONS, Committee on Homeland Security and Government Affairs, UNITED STATES SENATE, November 18, 2019, 2-3. hsgac.senate.gov/imo/media/doc/2019-11-18%20PSI%20Staff%20Report%20-%20China%27s%20Talent%20Recruitment%20Plans.pdf

（24）読売新聞、「中国『千人計画』に日本人」、２０２１年１月１日付朝刊。

（25）鈴木一夫東京大学教授、「[研究レポート]米中の技術覇権争いと安全保障」、日本国際問題研究所「安全保障と新興技術」研究会第１号、２０２１年１月８日。https://www.jiia.or.jp/column/post-30.html

(26) 鈴木、同。14分野は米輸出管理強化法に示された(1)バイオテクノロジー(2)人工知能および機械学習技術(3)測位(4)マイクロプロセッサー技術(5)先進的計算技術(6)データ計算技術(7)量子情報及びセンシング技術(8)ロジスティクス技術(9)3Dプリンティング(10)ロボティクス(11)脳・コンピューター・インターフェース(12)超音速(13)先進的材料(14)先進的サーベイランス技術。

(27) 森聡法政大学教授、「米中貿易戦争の本質」、『學士會会報』第940号(2020-I)。16.

(28) NIKKEI Asia、「バイデン政権と『技術同盟』期待」、日本経済新聞2021年1月24日付朝刊。

第Ⅱ部

米国の安全保障戦略と日本の課題

第4章　米欧諸国のインド太平洋戦略と中東情勢 ―トランプからバイデンへ―

第1節　同盟重視と多国間協調主義への回帰

1　「中国は唯一の競争相手」

２０２０年11月の米大統領選挙は大激戦の末、民主党のジョー・バイデン政権が誕生した（21年1月20日）。現職で敗れたトランプ陣営が選挙の無効を訴えた挙げ句、支持者多数が選挙結果を確定する議事の最中にワシントンの連邦議会議事堂に乱入するという米憲政史上、前代未聞の事件を起こした。乱入を示唆したとしてトランプ氏が訴追されるなど、米国民主主義制度に深い傷跡を残した。米国社会の分断、同盟関係の亀裂という負の遺産を抱えて発足した政権はバイデン氏が副大統領を務めたオバマ政権の人脈を引き継いだ形で重要な外交、安全保障政策の迅速な策定を進めたことが同盟関係の早期の修復に役立った。

21世紀が民主主義制度に対する権威主義・専制主義との体制間の闘いとみるバイデン政権にとって「唯一の競争相手」と見なす中国こそ長期戦略の対象として対峙し、勝利しなければならない相手である。欧州では米ソ冷戦後最悪の関係にある「プーチンのロシア」は22年２月24日にウクライナへの侵略戦争を始めた。第２次世界大戦後に築かれた自由な国際秩序に挑戦するユーラシア大陸国家である中国とロシアという二つの権威主義勢力との争いこそ、21世紀半ばの世界情勢の帰趨を決めるという認識にバイデン政権は立っている。

バイデン政権は22年10月12日に「国家安全保障戦略（National Security Strategy）」（以下「戦略」）を公表した。中国を「国際秩序を作り替える意図を持ち、そのための経済、外交、軍事、技術の力を備えた唯一の競争相手」、ロシアを「国際秩序の主要な要素を覆す目的を持って帝国主義的な外交政策を追求してきた非常に危険な国」と規定した(1)。背景には「習近平の中国」による台湾統一に向けた脅威の激化と「プーチンのロシア」のウクライナ侵略がある。戦略目標は「中国に競り勝ち、ロシアを抑える」ことである。特に中国との競争では「次の10年間が決定的に重要」との認識に立つ。

世界情勢の変動、連携を強める中露の動きを受けて「戦略」は国家安全保障の最優先課題として「統合抑止（Integrated Deterrence）」を挙げている。軍事（陸海空、サイバー、宇宙）・非軍事（経済、技術、情報）の領域、地域、政府部内などさまざまな分野の統合、そして「同盟国・有志国との統合」を挙げて、これらの「継ぎ目のない統合によって潜在敵国に敵対行為のコストが利益を上回る」ことを信じさせることだと規定している[2]。国家が持つ力と同盟国などの能力を総動員して中露、北朝鮮、イランなどの敵対勢力に対抗する戦略である。米国一国ではあらゆる脅威に対処することがもはやできないという危機意識がそこにはある。トランプ政権当時の「米国第一主義」によって同盟関係に亀裂を生みだしたことが米国の指導力を落とした反省もある。同盟関係を「最も重要な戦略資産」と呼び、インド太平洋と欧州との同盟、有志国間の技術、経済、安全保障の結び付きを重視した。

米同時多発テロ事件に端を発し20年間続いた米国史上最長のアフガニスタン戦争から21年8月末に完全に手を引き、米国のプレゼンスの最重点地域として中国を念頭にしたインド太平洋、そしてロシアをにらんだ欧州を挙げたのも米国の戦略的利益からである。戦略抑止力を維持し同盟国に対する「拡大抑止」のコミットメントを信頼できるものとして維持する方針も明確にしてきた。

中国とロシアとの「共闘」が進むにつれ、自由・民主主義陣営に対する権威主義体制への対決機運がこれまでになく高まった。敵対国家群からの領土侵略を抑止・防衛することは当然としてサイバー攻撃、偽情報、デジタル権威主義からインフラ（社会基盤）やエネルギーの脅しに至るまで民主主義諸国に対する「新たな脅威」に対して同盟国、友好国とともに戦うことを米国は明確にした。２０２１年3月に発表した「戦略」の「暫定指針」では「我々の価値を反映する新たな国際規範と合意を形作るのは米国であって中国ではない」と、米国主導による国際秩序の再構築への決意を断言した[3]。この戦略方針に基づいて3ヶ月後の北大西洋条約機構（ＮＡＴＯ）首脳会議は中国を「体制上の挑戦」と規定するに至った(4)。

2　台湾支持を強化

米中関係の危機管理の焦点は言うまでもなく台湾問題である。大統領職継承順位第2位のナンシー・ペロシ米下院議長の台湾訪問（22年8月）は中国を強く刺激し、新たな「台湾危機」のきっかけになった。中国軍は台湾を取り囲む演習区域に弾道ミサイル11発を発射するなど大規模な軍事演習を実施、1995－96年に次ぐ「第4次台湾危機」ともいうべき緊張が高まった。習近平中国共産党総書記（国家主席）は10月16日の党大会活動報告で台湾について「祖国の完全統一は必ず実現しなければならない。決して武力行使の放棄の約束をせず、あらゆる必要な措置を取る選択肢を残す」と断言した(5)。武力行使も辞さないという中国の強硬姿勢に対して米国は台湾を守るという強い決意を「戦略」に明記する必要に迫られた。「暫定指針」では僅か2行で片付けていた台湾への言及は33行に及んだ。「台湾海峡の平和と安定は、地域や世界の安全保障と繁栄に決定的」として米国は「一方的な現状変更にも台湾独立にも反対する」と宣言。「台湾関係法の下で台湾の自衛を支持し、台湾への武力や威圧に対し米国の能力を保持するコミットメントを確認」したのである。台湾への武器の売却の強化が進められた。

3　「最大の地政学的試練」

アントニー・ブリンケン国務長官は21年3月3日「暫定指針」発表の日、国務省で就任後初の重要外交演説をした。この中でまず外交展開の原則を二つ挙げた。(一)米国のリーダーシップと関与が必要である。米国が後退すればその地位を他の国が取ろうとするからである(二)米国はこれまで以上に協力してくれる国々を必要とする。どの世界的課題も一国だけでは対処できないからだ。トランプ外交の反省がそこにはある。その上で、「バイデン政権の最も優先順位の高い外交政策」として8項目を列挙した。バイデン外交の重要な柱として注目しておく必要があるので紹介する。

(1)新型コロナウイルス(COVID-19)の制止、世界の保健安全保障の強化
(2)経済危機立て直し、安定した包摂的な世界経済の構築
(3)権威主義とナショナリズムなどの脅威に直面する民主主義の再生
(4)人道的で効果的な移民制度の創出
(5)同盟国や有志国との絆の再活性化
(6)気候危機に取り組み、グリーン・エネルギー革命推進
(7)技術のリーダーシップ確保。人工知能(AI)や量子コンピューターの利用など新技術の開発と配備で科学技術の優位を維持

（8）21世紀最大の地政学的試練である中国との関係管理。

対中国関係の態様についてブリンケン長官は敷衍（ふえん）してこう述べた。「中国との関係は、競争的であるべき時は競争的に、でき得る時には協調的に、そうでなければならない時には敵対的になる」。いずれにしても「共通項は強い立場から中国にかかわる必要がある」との基本姿勢は変わらない。また、対中関係においては外交と国際機関の関わりが求められる、とする。なぜなら、米国が引けば中国がその穴を埋めるからという認識である。新疆ウイグル自治区で人権が侵害され、あるいは香港の民主主義が踏みにじられる時には、米国の価値観を主張する必要がある。そうしなければ中国はますます罰せられずに行動するからだ、という考え方である(6)。

この背景には、民主主義制度や人権保護に極めて強い立場を取るアメリカ民主党の伝統が脈打っている。しかし自由や人権、民主的諸制度の維持などは何も民主党の専売特許ではない。そもそもアメリカ独立のエネルギーとなった精神であり、米国憲法に根付いたものであるから、その理念の侵害に対しては党派を超えた合意があり、それを抑圧する外国勢力に対して制裁を含む強硬な外交姿勢として発揮されるのである。

4　短期集中の足場固め

バイデン政権の発足（21年1月20日）から同盟関係の修復、多国間主義への回帰という外交戦略に向けての動きは急を告げた。２月18日、日米豪印（Ｑｕａｄ＝クアッド）および米英仏独の４ヶ国外相会議をいずれも電話やインターネットで開催。翌日にはＮＡＴＯ国防相会議、ミュンヘンでの安全保障会議でバイデン大統領が演説、先進７ヶ国（Ｇ７）首脳のテレビ会議も開かれた。

Ｑｕａｄ外相会議はトランプ政権時代から開かれてきたが、第３回目は「自由で開かれたインド太平洋」の実現に向け「より多くに国々と共にこのビジョンを推進していくことの重要性を確認し」、「東南アジア諸国連合（ＡＳＥＡＮ）、太平洋島嶼国、欧州などの国々と一層連携・強化を深めていく」ことで一致した（日本外務省発表）。茂木敏充外相が中国の海警法に対する「深刻な懸念」を表明、４ヶ国外相は東シナ海、南シナ海で「力による一方的な現状変更の試みに強く反対」で一致した。

Ｑｕａｄは軍事的脅威を強める一方の中国に対して民主主義諸国の緩やかな連合体として対抗し、さらに支持地域の拡大を図る意思を明確にしたのである。同外相会議は「欧州をはじめとする各国の前向きの取り組みを歓迎」し、中国の「一帯一路」戦略に対する警戒感が生まれてきた欧州に対しても呼び掛けるという異例の展開になった(7)。オーストラリア外務省は発表でＱｕａｄを外交政策の「主要な柱」と位置付けた。インド外務省も「自由で開かれた包摂的なインド太平洋」という概念はＡＳＥＡＮや欧州も含め「ますます国際的支持を集めている」と公式発表で明確に述べた(8)。米国はまず日豪印との結束を最優先し、Ｑｕａｄはインド太平洋戦略の「中核」になったのである。

その同じ日に米国は英独仏の欧州３ヶ国（Ｅ３）外相とのインターネット会議を開き、「中国が引き起こした世界的挑戦への対応を緊密に調整」、「気候変動を含むさまざまな課題での協力」に合意した。大西洋を挟んだ米国と欧州のパートナーシップの重要性を「再確認」し（これは６月、米英両国による「新大西洋憲章」の発表につながる）、イラン核合意への復帰などトランプ時代に荒れた米欧関係の修復に乗り出したのである(9)。時を同じくして米国のロイド・オースティン新国防長官がＮＡＴＯ国防相会議（インターネット）の結果を報告する就任後初の記者会見で、「中国の挑戦に対処するため、ＮＡＴＯは米国の助けになる」と協力を呼び掛けた。地理的に遠く離れた中国への戦略で欧州側の協力を求めたのは異例だが、それだけ中国の脅威が差し迫っているとの危機感は深い(10)。

5　「歴史の転換点」―ミュンヘン安保会議

バイデン大統領は恒例のドイツ・ミュンヘン安全保障会議で演説、「米国は欧州への再関与を決意した」と明言した。ここでバイデン氏は「決意」の言葉を繰り返し強調する力に入れようだった。トランプ政権が壊した米欧関係の傷がいかに深いかを物語る。その上で大統領は「世界は変化した」との認識の下、「歴史家は現在を転換点と書くだろう」と語った。「中国との長期の戦略的競争に備えなければならない」として米国、欧州、アジアが一体となって平和を確保、共通の価値を維持し、繁栄を促進するために協働することを呼び掛けたのであった(11)。中国との経済的関係の深さから米国の立場から見れば、中国に遠慮して「生ぬるい」対中政策を取るドイツやフランスなど欧州側の「目を覚まし」、対中共同戦線に取り込む意思が明確である。

このような米欧、アジアにまたがる政治レベルの意思結集の動きと平行して、米国が示した中国の海警法への警告はトランプ政権と変わらぬ対中強硬姿勢を示すものとなった。国務省のネッド・プライス報道官が2月19日の記者会見で、中国の海警局の船（日本の巡視船に相当）に武器使用を認めた海警法の施行についてフィリピン、ベトナム、インドネシア、そして日本の国名を挙げ、中国と海洋紛争を抱える諸国を「脅し、紛争をエスカレートさせる」ものとして「特別の懸念」を表明した。特に「南シナ海における中国の不法な海洋権益の発動」に使われる懸念を鮮明にした。その上で、中国の主張が２０１６年のハーグ仲裁裁判所の決定で完全に否定されたこと、これを支持したトランプ政権のポンペオ国務長官の声明（20年7月13日）を再確認したことを明言したのであった。激しい大統領選挙後の政権交代にもかかわらず、米国務省の外交方針は一貫していたのだ。

米国は国連安全保障理事会の常任理事国である中国に対して国連憲章に基づいて武力行使やその脅しを控え、１９８２年の国連海洋法条約を順守するよう求めた。特に日本とフィリピンという条約に基づく同盟国へのコミットが揺るがないことを強調したのであった。「この政権の発足に当たり」と前置きしつつ、「米国の第一の、そして最も重要な課題は同盟国や友好国との協調であり、米国は深く関わってきた」とプライス氏は述べた(12)。これが政権全体に流れる外交姿勢であり、これまで明らかになった各種の国際会議や重要声明に反映されてきたのである。

６　G７で「中国」を取り上げた菅義偉首相

この一連の国際会議の締めくくりが主催国・英国が議長を務めオンライン形式で2月19日に開かれたG７首脳会議（サミット）だった。菅義偉首相、バイデン大統領にとってもサミットへのデビューとなった。新型コロナウイルスなど世界保健安全保障の体制強化、気候変動対策、国際経済では公正なルールに基づく多角的な貿易体制への協力を約し、首脳声明で冒頭に「21年を多国間主義のための転換点」としてG７が取り組むことを宣言した。この中で首脳として「非市場志向の政策や慣行に対処するための協働のアプローチについて協議」し、他国と協力して行く方針を示したことは、名指しを避けつつも中国への懸念が背景にある[13]。

菅首相がこのサミットで、特に中国の問題についてはっきり言明したことが注目された。中国海警局による尖閣諸島（沖縄県石垣市）周辺の日本領海侵入などの主権侵害がこの10年間、恒常的に行われていることが同盟国である米国は別として、欧州諸国の首脳にどれだけ認識されているのか疑わしい。外務省の発表によれば、首相は「中国との関係について主張すべきは主張し、中国側の具体的行動を求めていくとの日本の基本的な考え方を説明した」。また「東シナ海、南シナ海での一方的な現状変更の試みついての我が国の懸念についてもしっかりと伝えた」(14)。中国やロシアなど権威主義国家による武力を背景にした威嚇、主権の侵害に対しては自由主義・民主主義陣営が団結して当たらなければ「各個撃破」される以上、多国間の協力体制を強めることが不可欠である。この観点から菅首相の発言は、国際会議でストレートに中国やロシアへの批判に口を閉ざしてきた従来の日本政府の姿勢から一歩踏み出したものとして評価したい。必要なのは言葉による抗議や懸念の表明だけでなく、海洋と領土主権を守るための目に見える防衛の具体的措置の実行と能力の飛躍的な向上である。

7　日米豪印が体制固め

Ｇ７、欧州連合（ＥＵ）は習近平指導部が3月11日の全国人民代表大会（全人代）で香港の選挙制度の変更を決めたことに対して緊急の外相声明を発表した。香港の「一国二制度」を認めた中英共同声明に基づく「高度の自治を損ない」、「政治的多元性を抑圧し」、「言論の自由を縮小させる」として「重大な懸念」を表明し、基本的権利と自由の尊重、不当な抑圧の停止を要求した。しかし、習近平指導部には「馬耳東風」であった。

バイデン大統領は同年3月以降、本格的な首脳外交を繰り出す。Ｑｕａｄ初の首脳ＴＶ会合（3月12日）では共通のビジョンと課題を明記した「日米豪印の精神」と題する共同声明で「歴史的機会に協力強化」を誓った(15)。国家安全保障担当大統領補佐官のジェイク・サリバン氏は記者会見で、大統領が主催した初の多国間サミットであるＱｕａｄ首脳会議はインド太平洋が米国の安全保障の中心にあるとの信念を反映したものであり、参加首脳がそれぞれ「歴史的」と言及したのは、「強力な民主主義グループを固め」、「自由で開かれたインド太平洋」を確実に前進させるのに協働することになったからだと言う。対中国外交に当たっては、「強い立場から」を確実にするのが基本戦略であることを繰り返し、欧州とも対中懸念について共通のアプローチを取るための「突っ込んだ協議」をしていることも明らかにした。

Ｑｕａｄの3ヶ国から提起された尖閣諸島での嫌がらせ、オーストラリアに対する脅しやインド国境での侵略などの問題も含めて米国は戦略レベルで取り上げることを中国側に明確に伝えるとの外交方針を明確にした。特に強調したのが関税や輸出規制などの貿易問題、技術などの対中懸念材料について中国と交渉する前に、同盟国や有志国と「共同のアプローチ」を取れるよう作業するとしたことである(16)。日本は米中交渉で日本の国益を守れる要求を米国側と共有する必要がある。

Ｑｕａｄ首脳は9月24日にワシントンで初の対面会合を開いた。共同声明は「国際法の擁護者」として「東シナ海、南シナ海を含むルールに基づく海洋秩序への挑戦に対抗する」と宣言した。中国と名指しは避けたものの力や威圧を背景に現状変更の既成事実を重ねる中国への警告である。非公式の組織ながら、首脳会合の定例化を決め、軍事以外のサイバーなど安全保障、経済や新興技術、気候変動、新型コロナウイルス対策などの広範囲の協力体制を確立することになった。ＡＳＥＡＮとの協調やＥＵの

「インド太平洋戦略」の歓迎も明記、インド太平洋を越えて世界的にも影響力を発揮しうる存在を目指したのである(17)。

8 「対中同盟」に舵切った日米首脳会談
―「台湾海峡の重要性」明記―

菅首相は21年4月16日、ホワイトハウスでバイデン大統領と初の対面で会談した。バイデン氏が外国の首脳と対面で会談したのは伝統的な欧州の国を差し置いて菅首相が初めてだ。インド太平洋地域における安全保障の戦略的選択肢としての日米同盟最重視の姿勢をはっきり示したことが印象的だった。「新たな時代における日米グローバルパートナーシップ」をうたった共同声明は日米同盟の結束強化とともに「対中国戦略」の転換点として意義がある。習近平政権が台湾に対する軍事的圧力をこれまでになく強める中、「台湾海峡の平和と安定の重要性」を1969年佐藤・ニクソン共同声明以来、実に52年ぶりに明記したのだ。日中（72年）、米中（79年）の国交正常化以来初めてのことだ。この台湾条項はその1ヶ月前に東京で開かれた外務・防衛閣僚による日米安全保障協議委員会（2＋2）の共同発表の文言を首脳レベルで確認したのであるが、首脳宣言としての重みは格段に違う。この「新台湾条項」は6月のG7首脳会議のコミュニケでも初めて明記され、西側世界の共通認識となったのである。

菅・バイデン共同声明で、日本は同盟、地域の安全保障の一層の強化のための防衛力強化を、米国は核を含むあらゆる種類の米国の能力による揺るぎない日本防衛および日米安保条約第５条の尖閣諸島への適用の再確認を、それぞれ約した（この第５条適用はバイデン「国家安全保障戦略」に明記され、米国の不動の政策になった）。その上で、抑止力・対処力、サイバーや宇宙を含む全領域横断の防衛力、（核）拡大抑止―という三つの強化に日米がコミットすることを約束した。中国に関しては、「香港および新疆ウイグル自治区における人権状況への深刻な懸念」を、中国の反発を想定した上で明記した[18]。東シナ海における中国による一方的な現状変更の試み、南シナ海での不法な海洋権益の主張や活動への反対についても、インド太平洋地域におけるルールに基づく国際秩序に反する行動として取り上げたのは当然である。共同記者会見でバイデン大統領は「日米の同盟と共有する安全保障への支持は鉄壁だ」と胸を張った。菅首相は「共同声明は今後の日米同盟の羅針盤」（通訳は“the guiding post for our alliance in the times ahead”と訳した）と述べ、日米両国の対中戦略の転換点となったとの認識を示したのであった[19]。

中国の猛反発は予想通りであった。汪文斌（おうぶんひん）外務省報道官は記者会見で、「米国と日本は国際社会を代表できない。米日は『小さな徒党』を組んで対立を作り出し、それが地域の平和と安定の真の脅威になっている」と非難した[20]。日本の各紙は中国の反応について主要メディアによる批判の調子が高くないとして、気候変動問題などで対米対話に期待しているため慎重になったとの見方もあった。確かに一週間後の気候変動サミットを控え米国を過度に刺激しないよう戦術的に配慮したことは考えられる。しかし、国際法を無視しルールに反する攻撃的で沿岸国を脅す傲岸不遜な中国共産党政権の態度は改善したのだろうか？　そうではあるまい。日本政府の抗議を完全に無視、海警局公船による尖閣諸島への領海侵犯、接続水域への侵入を当時もその後も止めようとはしなかった。21年7月19日には連続157日間と尖閣国有化以降、最長の連続記録を更新した。翌日に途切れたのは強い台風の接近のためと考えられる。中国は前年の20年にも111日連続の記録を作り、通年では333日間に及んだ。「米日こそ真の脅威」という言葉の裏にある日米同盟に対する敵対的姿勢に本質的な変化はない。日米同盟の強化が中国の武力を背景にした拡張主義の邪魔になるとの認識が変わったわけではないことを正しく把握しておく必要がある。

第2節　アジアに向く欧州の変化

1　80年目の「新大西洋憲章」

バイデン大統領の同盟関係の再構築はインド太平洋、日米を固めた上で欧州に向いた。歴史的に「特別な関係」にある英国のボリス・ジョンソン首相との会談（6月10日）で「新大西洋憲章」を発表した。ナチス・ドイツの欧州侵略の最中、1941年8月に発表した大西洋憲章を蘇らせた8項目の「新憲章」は価値、法の支配、民主主義制度などの基本的原則のほか、海洋の合法的利用、債務の透明性、持続可能な経済、科学技術の優位、気候や健康危機など「21世紀の新たな挑戦」に対処する決意を示した[21]。80年前の憲章はナチス・ドイツの脅威に対するものであったが、「新憲章」は自由な民主主義体制へ公然と挑戦するようになった中国、そしてロシアに西側世界が団結して対抗するため、欧州の目をアジア太平洋にも向けさせる目的が込められていたのだ。

外交問題評議会シニアフェローのスチュアート・パトリック氏は、新憲章が世界危機の時代に「西側の結集を図る」のが目的だが、80年前とは異なり米国の世界での地位が低下、同盟国も米国への信頼性に懐疑的であり、世界情勢も変化して「米国の主たる戦略的敵対国である中国が真に同等の競争者になりつつある」と指摘した。バイデン氏は西側民主主義国を再結集して集団でロシアと同様に中国に対しても押し返そうとしている。しかし、米国自身が経済的に中国と深く結びついていること、気候変動や核拡散など「国家の枠を超えた脅威の山」に対応するには、中国の協力も必要としていると、その「限界」も明らかにした。従ってバイデン政権としては、リベラルでルールに基づく国際システムというビジョンを捨てず、権威主義的大国（中国とロシアを指す）とも協力するために何ができるか仕切ることから始めなければならないと結論付けている[22]。

2　G7首脳「台湾海峡」初の明記

米英首脳会談の直後に英国で対面で開かれたG7首脳会議（6月11日～13日）は共同宣言で「台湾海峡の平和と安定の重要性」を初めて明記した点で画期的であった。宣言は70項目に及ぶ長大なものだが、「国際システムにおける開かれた社会として共通の価値を促進する」ために協働する決意をうたった「世界的な責任」の中で中国に言及、第49項では新疆（ウイグル自治区）に関連して人権と基本的自由を、また香港返還を定めた中英共同声明と基本法にうたわれた自由と高度の自治の尊重を要求した。さらに第60項で台湾海峡に言及するとともに、「東シナ海、南シナ海の状況を深刻に懸念し、現状を変更し緊張を高める一方的な試みに強く反対」したのである[23]。

その3年前のサミットでは中国に関する言及すらなかったことを考えれば大きな変化である。米政府高官は記者団への背景説明の中で、2018年には「中国に対してコンセンサス（合意）ができなかったが、（いまや対中）アプローチに力強い共通の土台ができた」とG7としての結束を実現できたことを高く評価した[24]。その背景として高官はG7首脳を結束させているのは人権や基本的自由という民主主義の価値の共有であることを強調した。トランプ時代のG7サミットは米欧の対立が強まり、中国の一帯一路構想の推進もあり経済的な結び付きを強めていたドイツなどが対中批判に消極的だったが、バイデン政権で様変わりした。台湾条項は4月の日米首脳共同声明を踏襲したものであり、これを受けた5月5日のＧ７外相会合コミュニケには台湾条項、東シナ海や南シナ海の現状変更問題、新疆の人権や香港情勢への重大な懸念を明記しており、首脳会議に反映された[25]。これは対中国の危機認識でＧ７全体を日米が引っ張った結果であった。日本としては安倍晋三政権当時から対欧州外交にも力を入れてきた成果が実ったと言える。主としてロシアに向いてきた欧州の目をアジア太平洋の具体的な安全保障問題に向けさせた点で大きな意義を持つコミュニケとなった。

3　英国の「統合レビュー」

Ｇ７首脳会議が中国を中心とするアジア太平洋の安全保障問題で合意に至ったのは、英国、フランス、ドイツなどの主要国がそれぞれ「インド太平洋」に関する戦略的な構想を18年以来、相次いで発表し、コンセンサスの土壌が醸成されていたからだ。フランス政府はいち早く18年には「フランスとインド太平洋地域における安全保障」を公表、翌年には外務省、国防省が戦略を発表した。エマニュエル・マクロン大統領は南太平洋のポリネシアやインド洋のレユニオンなど海外領土を持つ自国を「インド太平洋地域の列強の一つ」と位置付けている[26]。ドイツは20年9月に「インド太平洋政策指針」を発表、11月にはオランダが続いた。

ＥＵから正式に離脱した英国が21年3月に内外政策を再考した「安全保障、防衛、開発及び外交政策の統合レビュー」（以下、「統合レビュー」）を発表した。英国の影響力は「より強力な同盟と幅広いパートナー関係によって強化される」として、「2030年までインド太平洋に深く関与する」との「首相ビジョン」をうたい上げた。全体で111ページに及ぶ統合レビューを「政府全体の安全保障と国際政策の行動指針」と規定しており、EU離脱後10年間の英国の総合安全保障戦略と言うべき基本文書である(27)。これは日本にとっても新たな国家安全保障戦略を策定する上で重要な示唆を与えるものであった。

英国は15年に戦略安全保障レビューを発表したが、英国のEU離脱が「再考の契機」となった。インド太平洋の重要性などわずか6年間の世界の変化に対応し、「英国民が脅威から守られるよう安全保障と社会の強靭性を高めるのが政府の責任」である。過去10年間、英国政府は「冷戦後の『ルールに基づいた国際システム』の維持に重点を置いてきた」が、今日では「国際秩序はばらばらになり、利害や規範、価値をめぐる国家間の競争激化」が特徴となった。「現状維持はもはや今後10年間にわたって十分なものとは言えない」と厳しい認識を鮮明にした。米ソ冷戦後、特に21世紀初め以降の世界の変化を率直に捉え、日本政府がよく使う『ルールに基づく国際秩序の維持』を唱えているだけでは、激化する競争の世界を乗り切れず、国民の安全と利益は守れないという切迫した危機意識の鋭さが突き刺さってくるのである。

2030年に向けた長期戦略アプローチとして、（1）地政学・地経学的変化―中国の国際的独断性やインド太平洋の重要性の増大、（2）体制的競争―国家間、民主主義国家と権威主義国家間など、（3）急速な技術の変化、（4）国家を超える課題―気候変動、テロリズムなど―を取り上げた。これらに直面する英国として「ポストＣＯＶＩＤ（新型コロナウイルス）の国際秩序がますます競争的でばらばらになり、世界的協力を弱めて英国の利益と価値を守るのが難しくなる可能性に備えなければならない」と警告を発した。

地政学的・地経学的な変化の面では30年までに世界が多極化し、その中心がインド太平洋へと欧州から東方に動く。その中で安全保障環境は悪化しロシア、イラン、北朝鮮を地域の不安定要因として挙げた。特に中国については「軍事近代化、ますます強まる国際的独断性がインド太平洋地域と、それを越えて英国の利害にますます増大するリスクになるであろう」と警告を発した(28)。英国の危機意識とインド太平洋重視の姿勢がここにはっきり示された。就役したばかりの新鋭空母「クイーンエリザベス」を21年５月に本国を出航させ、長期間インド太平洋地域に派遣して日米独などの艦船や航空機と合同訓練を行ったのもこのような新戦略を背景にしている。

４　ＥＵもインド太平洋戦略採択

このような欧州主要国の関心の高まりを受けてＥＵは21年４月19日、「インド太平洋協力のＥＵ戦略」を加盟27ヶ国外相の合意（コンセンサス）として採択した。海洋に面しない内陸国も含めたすべての加盟国が同意したのは、世界の国内総生産（ＧＤＰ）の60％、世界の成長の３分の２を占めるインド太平洋地域が「経済的、戦略的に世界の中心」という認識を新たにしたためである。EUはこの地域に「重要な利害関係」があるが、「厳しい地政学上の競争下にあるため、EUの戦略的な関心とプレゼンス及び行動を強化するという決定を下した」というのが合意に至った理由である。9月16日に欧州委員会(EC)が戦略を採択し、首脳レベルの合意として公表された。EUがこの地域に関与を強める目的として「自由で開かれたインド太平洋」の維持と強力で永続的なパートナー関係の構築を挙げている。インド太平洋地域の地政学的な動向として、領土紛争や海洋をめぐる緊張を含む厳しい競合の強まりを取り上げた。

特に中国を含む軍事力の増強は注目に値すると指摘した上で、南シナ海、東シナ海および台湾海峡に言及してこの地域の「軍事力の誇示と緊張の高まりは欧州の安全保障と繁栄に直接的な影響を及ぼす」と明記した。「台湾海峡」への言及は初めてのことで、日米英豪などと共通の厳しい情勢認識を示すものだ。安全保障と防衛問題でEUが参加する行動としては、海上交通路(シーレーン)の確保、海軍力のプレゼンスの強化、多国間演習や寄港などを挙げ、テロ対策やサイバー安全保障についてもパートナーとの対話を強化する方針である。EUは「戦略」の中でASEANやQuadとも連携を強化することに強い関心を示しており、地域を越えた連携の広がりが特徴的である[29]。

EUと一口に言っても、各国の対外関係は常に脅威を受けてきたロシア、「一帯一路」戦略で欧州にも浸透を図ろうとする中国、さらに対米関係などさまざまな要因が絡んで、その対外政策の統一は容易ではない。「自由で開かれたインド太平洋」構想を安倍晋三政権が２０１６年に提唱して以来、米国のトランプ政権がこれに「乗った」形で強力に推進してきたが、米欧関係の亀裂もあっただけに、ＥＵ全加盟国が合意に達したことは「ＥＵ外交政策にとって画期的な出来事」と高く評価する欧州の専門家の見方がある(30)。

この「ＥＵインド太平洋戦略」が「自由で開かれたインド太平洋を形作る日米同盟」をうたった日米首脳会談の共同声明（4月16日）から日を置かずして発表されたのは偶然とは言えないだろう。日米（特にバイデン政権）ともに、対欧州外交にはこれまでになく力を注いできたからである。各国の対応に色合いの違いは当然あるにしても、「インド太平洋」という大枠で日米欧の共通ベースができたことは、新たな国際秩序の形成に向けて日本外交の大きなポイントになった。

５　ＮＡＴＯのキーワード「２０３０年」

Ｇ7サミットを受けたＮＡＴＯ首脳会議（6月14日）は共同声明で「中国の野心と強引な振る舞いはルールに基づく国際秩序と同盟の安全保障に対する体制上の挑戦」と規定した。これは初めてのことである。サミット声明は中国とロシアの軍事協力をはじめ軍民融合戦略や偽情報などへの懸念のほか宇宙、サイバー、海洋などの領域を含む国際システムでの責任ある行動を中国に要求した（第55項）(31)。

サミット声明の背景には前年秋に発表されたＮＡＴＯ事務総長任命の専門家グループによる情勢分析と勧告をまとめた67ページの報告書「ＮＡＴＯ ２０３０」の存在があった(32)。ＮＡＴＯにとって「最も深刻な地政学的な挑戦」であり「直面する主たる脅威」が経済的に衰退しつつあるとは言え欧州と地続きのロシアであることに変わりはない。しかし、中国の世界戦略は今や「体制上の挑戦」としてＮＡＴＯが戦略計算を変えなければならないほどの存在になったとの危機認識を鮮明にしたのがこの文書であった。

中国による体制上の挑戦の「中心部分が産業政策と軍民融合（ＭＣＦ）戦略」であり、核、ミサイルを含む軍事近代化がＮＡＴＯ同盟と戦略的安定にとって新たなリスクや潜在的な脅威になっていると警告を発した。近隣諸国への武力の使用を辞さない脅しの外交はインド太平洋を越えて発揮されている。今後10年内に中国はＮＡＴＯの集団的強靱さの構築、重要なインフラの防護、５Ｇを含む新興技術、供給網を含む経済の機密部門の保護などでＮＡＴＯに挑戦するであろうし、「長期的には欧州・大西洋地域をも可能性として含む世界的な軍事力の投射」もありそうだ、と予測したのである(33)。

中国は強力な権威主義と領土的野心の膨張のため開かれた民主主義社会に対する深刻な挑戦になっている。ドイツをはじめ主要国が経済的に中国との関係が深く、イタリアなど中国の「一帯一路」戦略に参画した国すらある。報告書は中国を単にアジア中心の安保関係者とか経済的なプレーヤーと見るのではなく「全面的な体制上のライバル」と理解すべきだと主張した。対中国政策で利害が一致しない

ＮＡＴＯ加盟国の現状からも、報告書は「同盟国間の食い違いを中国が利用できないようにする必要がある」、「欧州―大西洋の安全保障に影響する中国の能力、活動、その意図への理解を深めなければならない」と警鐘を鳴らした。その上でＮＡＴＯの政治的結束力を示さなければならないと訴えたのだ。それとともに、重要分野や供給網の弱点などにＥＵとの協調も必要なステップとして取り上げた(34)。

ＮＡＴＯ２０３０は10年前に策定した「２０１０年戦略概念」がロシアとの対決回帰と中国との体制上の競争以前のもので、「現在の地政学的環境に対応するには不適切」であるとして改訂を求めた。「最新の戦略概念を欠いては、予想される主要な脅威を防ぐことはできず、危機に際して（同盟内の）不和と場当たり的な対処の危険が増す」と警告している(35)。米欧同盟国による安全保障、経済、科学技術、情報操作など広範囲にわたる中国の脅威の認識と危機管理への備えの決意のほどが読み取れる。これが翌年のサミット声明にストレートに反映されたのであった。

日本政府はこの経緯をよくかみしめておく必要がある。いま目前にある尖閣危機、さらに「台湾有事」の際にどのような防衛体制を組むのか、海上保安庁、警察、自衛隊と第７艦隊を含む米軍との統合作戦など、日米安保体制下の新たな戦略構想の策定が喫緊の課題となった。その回答が２０２２年12月の新たな国家安全保障戦略である。２０１０年の尖閣諸島での中国漁船の巡視船への意図的な体当たり攻撃をめぐり右往左往した挙げ句に逮捕した船長を釈放した民主党政権の超法規的な対応は「日本与

（くみ）しやすし」と中国を確信させ、日本の国益を大いに害した。政府の国家安全保障戦略は2013年以来改定されてこなかった。台湾をめぐる軍事的緊張が高まり、近接する尖閣諸島海域への領海侵犯が繰り返され、北朝鮮によるミサイル開発の急速な進展とも相まって、安保情勢が悪化する一方である。このままでは、有事の際に迅速、果敢かつ有効な政策決定と防衛対処が決定的に遅れ、ドタバタ劇を演じた挙げ句、安全保障上取り返しの付かない事態を招くばかりであった。

「有事」はいつ発生するか分からないのだ。実際にバイデン政権が米同時多発テロ発生20周年を前に21年8月末日を期限とした米軍のアフガニスタン撤退直前の8月15日に同国のガニ政権が崩壊、攻勢をかけてきたイスラム原理主義の反政府勢力タリバンが首都カブールに「入城」した。日本人保護のための自衛隊機派遣が遅れ、日本に協力してきたアフガン人ら500人の空路国外退避に失敗した政府の大失態も有事の備えができていない外交・防衛体制上の欠陥が露呈したに過ぎない。NATOの文書と首脳会議は日本にとって学ぶべきところが多いことを付け加えておきたい。

6　同盟国の対中「統一戦線」

NATOに続く米・EU首脳会議（6月15日）の共同声明は権威主義体制を拒否、米欧のアプローチの違いを認めつつ共通の外交、安全保障目標のための制裁への協力強化を約した。中国問題では新疆、チベットの人権侵害、香港の自治制度、東シナ海と南シナ海の現状変更反対、国際海洋法の尊重、そして「台湾海峡の平和と安定の重要性」に言及するなど網羅的に取り上げた(36)。トランプ時代に対立さえ目立った米欧関係をとりあえず修復し、アジアも含めた民主主義陣営の共同戦線を構築できたと言える。米外交問題評議会シニアフェローのシーラ・スミス氏はバイデン氏の対中国政策の基本的考え方として、大統領就任前の論文を引用して「気候変動や核不拡散など米中の利益が重なる領域で協調を模索する間であっても、中国による他国を傷つける行動と人権侵害に対処する同盟国やパートナーとの統一戦線を構築すること」である述べている。特に4月のＱｕａｄ首脳テレビ会議は「インド太平洋地域全体で共通目標を築くための洗練されたコアリション（連合）アプローチだった」と高く評価した(37)。欧州との関係もその延長線上にあったのだ。

7　可能か米ロの「戦略的安定」

インド太平洋に続いて欧州で民主主義陣営の「共同戦線」の構築に目途を付けたバイデン米大統領は一連の訪欧の締めくくりとして6月16日、スイス・ジュネーブでロシアのプーチン大統領との初の対面会談を行った。「プーチンのロシア」によるウクライナのクリミア半島併合や反体制派指導者ナワリヌイ氏の拘束・収監で米ソ冷戦以後、最悪といわれる米ロ関係は打開の道を開けるのか？　会談後発表された「戦略的安定に関する米ロ首脳共同声明」は3段落計12行の短いものだった。「戦略的領域における予見可能性の確保、武力紛争のリスクや核戦争の脅威の低減という共通の目標に付いて進展し得る」とした上で、「核戦争に勝者はなく、決して戦われてはならない」との原則を再確認した。この目標に沿って、米ロは「統合された2国間の戦略的安定対話を始め」、この対話を通じて「将来の軍備管理及びリスク削減措置の基盤の構築を追求する」とうたった[38]。

軍備管理専門家の戸崎洋史日本国際問題研究所軍縮・科学技術センター主任研究員（現所長）によれば、「戦略的安定」とは「核戦争が勃発する可能性の低い状態」を示し、「これを維持する施策が軍備管理」と定義される。「核戦争の勝者はなく……」の原則は、１９８５年11月の米ソ首脳（レーガン、ゴルバチョフ）会談で合意した。この会談を境に核軍備管理交渉は進展、緊張緩和、冷戦終結へとつながった歴史的な「原則」だが、戸崎氏は「現時点で見れば、米露が合意できるのは最低限の『原則』のみであったとも言える」と控えめの評価をしている。さらに戦略的安定対話の前に置かれている「統合された2国間の」という修飾語に注目、「2国間」というのはとりあえず中国抜きということを意味し、米ロ中による3ヶ国軍備管理交渉というトランプ前政権の方針の転換を意味する。「統合」の内容は明示されていないが、さまざまな兵器体系を対話の対象に含めるとすれば戦略核だけでなく、ロシアが優位の非戦略核戦力、新型の核運搬手段や米国の弾道ミサイル防衛（ＢＭＤ）、サイバー攻撃なども含まれ得る、と指摘している。交渉の対象の複雑さを考えれば、米露間で「意見が収斂（れん）するのは容易ではない」と慎重な見方を示した(39)。

米中対決が激しさを増す中での米露首脳会談は、ロシアのプーチン大統領にとっては米国との本格的な軍拡競争を避け、人権批判をかわす時間稼ぎの余裕を得たということであろう。バイデン大統領からすれば、「体制間の挑戦者」である中国と対峙する上で、この時点では中露による対米連携が進む前に2正面作戦を避け、米露関係の安定を一応確保する点で戦略的意味があったとみることもできた。しかし、僅か8ヶ月後、「プーチンのロシア」はウクライナへの新たな侵略戦争を始めた。核大国による核兵器使用の威嚇さえ公然と行い、「米露首脳合意」のもろさを見せつけたのだ。

第３節　アフガンの蹉跌と中露の連携強化

1　米も「帝国の墓場」に

順調に見えたバイデン政権の外交・安全保障戦略に思わぬ落とし穴が待ち構えていた。アフガニスタンからの米軍の撤収である。性急な撤退は危険だとする米軍最高幹部の進言を退けたバイデン大統領はトランプ政権によるタリバンとの和平合意を引き継いだ撤退だと主張したが、2兆ドルの戦費と米兵2400人の犠牲を払ったアフガン戦争の失敗は米国の威信と影響力の失墜を世界に示す結果に終わった。英帝国と旧ソ連に続いて米国もアフガニスタンの「帝国の墓場」に不名誉な名を刻むことになったのである。

中国は早速、米国が台湾との関係を強化していることをとらえて「同盟国との約束も信頼できないことを示した」と心理作戦を展開した。１９７５年の「サイゴン陥落」になぞらえた米国の同盟、友好国に対する揺さぶりである。アフガニスタン情勢の急展開を受けて、中国の習近平国家主席とロシアのプーチン大統領が電話会談（8月25日）した。新華社によれば、習主席は「中露は新時代の包括的戦略パートナー」を強調、両首脳とも「両国が緊密に意思疎通し協調を強化する」と連携を深めることで一致した[40]。中国にとっては「一帯一路」戦略の中東への入口に当たるアフガンは重要な要衝であるが、アフガニスタンと国境を接する新疆ウイグル自治区の独立運動とタリバンの連携を警戒している。またロシアも旧ソ連時代の構成国であり、「裏庭」とみている中央アジア地域へのイスラム過激派の浸透は安全保障上の懸念材料だ。

中国の王維国務委員・外相がアフガン政権崩壊の2週間前にタリバン№2のバラダル師を中国・天津に招き「関係強化」の手を打ったのもその表れだ。ロシアもタリバンとの協調姿勢を強めた。アフガン「陥落」に先立って、習・プーチン両首脳は6月28日テレビ会議で7月16日に締結20周年を迎える「中露善隣友好協力条約」の延長を宣言した。その主たる狙いは米国の「インド太平洋戦略」を中露が協力して阻止することにあった。アフガンにおけるバイデン米政権の蹉跌（さてつ）をきっかけに中露の対米戦略連携はますます強まった。

2　中国、中東を世界戦略に

中国は中東のアラブ諸国を「一帯一路における重要な協力パートナー」として位置付け、共同建設を呼び掛けてきた。習主席は２０１６年1月、カイロで中国とアラブ諸国の関係の重点として「人類運命共同体」の構築を呼び掛けた。三船恵美法政大学教授によると、この「人類運命共同体」は習主席が14年に提唱した「絶対国家安全観」で位置付けられた「戦略思想」であり、党規約（17年改正）と憲法（18年改正）に明記された中国の対外戦略指針である。それは「パックス・アメリカーナに対するパックス・シニカの秩序形成への安全保障構想」であり、「アメリカを中軸とする国際秩序への挑戦」とされる[41]。

王毅国務委員・外相が21年3月下旬にサウジアラビアなど中東５ヶ国を歴訪したが、「経済領域の比重が大きかった従来の中東外交のみならず、安全保障領域においても中国が積極的に役割を果たそうとしている」ことが示された。特にイラン訪問では、25年間の包括的協力協定が両国外相間で署名された。報道では中国が２８００億ドルをエネルギーに、１２００億ドルを鉄道や高速通信規格５Ｇの整備に投資、イランは原油、天然ガスを低価格で提供と伝えられたが、協定の詳細は公表されていない。このため、世界が危惧するのは米中対立が短中期的に解消されないと中国が見込んでいるからこそ署名されたこと、および「明らかにされていない合意内容」に対して懸念があるからだと三船教授は指摘した。この「秘密協定」は西側を中心に疑惑を招くことになるだろう。

中国が近年、中東諸国との関係を深化させているのが、普遍的価値をめぐる自由主義世界への牽制と共闘である。20年6月30日の「香港国家安全維持法」施行に対して、国連人権理事会で27ヶ国が「強い懸念」を示す共同声明を発表したが、中国を支持する53ヶ国中、11ヶ国が中東諸国であった。「中東地域への資源依存度が高い日本は、中国による外交攻勢が中東地域でのパワーシフトやエネルギー貿易に及ぼす影響について、一層注意深く観察していく必要がある」と三船教授は警鐘を鳴らしている(42)。この論文は簡潔ながら、中国のアラブ政策の核心を突くもので政府、政党、外交関係者には必読の論考である。中国の仲介でイランとサウジアラビアが国交正常化に合意したと2023年3月10日、両国の国営通信が伝えた。中東における米国の指導力低下と中国主導の秩序再編への動きが浮き彫りになった(43)。

タリバンによるアフガニスタン制圧時、日本政府は自衛隊機派遣の決断と実施が遅れ、アフガニスタン人ら協力者を「置き去り」にした外交、安全保障能力と執行体制の欠陥をさらけ出した事態を見ると、日本政府は中東地域全体における米中露のせめぎ合いと世界に及ぼす影響、日本としての対処方針に文字通り「真剣」に取り組まなければ、国益を大いに損じることは必至である。安倍晋三、菅義偉政権を引き継いだ岸田文雄内閣をはじめ与野党を含めた政治指導者にそれだけの覚悟があるのか、国民が問わなければならない大きな問題なのだ。

（1）*NATIONAL SECUITY STRATEGY OCTOBER 22*, THE WHITE HOUSE. https://www.whitehouse.gov/wp-content/uploads/2022/10/Biden-Harris-Administrations-National-Security-Strategy-10.2022.pdf　23-25
（2）Ibid.
（3）*INTERIM NATIONAL SECURITY STRATEGIC GUIDANCE MARCH 2021*, THE WHITE HOUSE, https://www.whitehouse.gov/wp-content/uploads/2021/03/NSC-1v2.pdf, March 3, 2021. 19-20
（4）NORTH ATLANTIC TREATY ORGANIZATION, Brussels Summit Communique 14 June 2021, 55（項）. https://www.nato.int/cps/en/natohq/news_185000.htm?selectedLocal=en
（5）日本経済新聞、２０２１年10月17日付朝刊。
（6）Secretary of State Antony Brinken Speech on Foreign Policy Transcript March 3, 2021, https://www.rev.com/blog/transripts/secretary -of-state-antony-blinken-speech-on-foreign-policy-transcript-march-3
（7）外務省報道発表「日米豪印外相電話会談」21年２月18日。https:www//mofa.gov.jp/mofaj/press/release/press3_000427.html
（8）https://www.foreignminister.gov.au/minister/marise-payne/media-release/quad-foreign-minister-meeting.19February,2021, https:www.mea.gov.in/press-releases.htm?dtl/33540/3rd-IndiaAustraliaJapanUSA_Quad_Ministrial_Meeting, February 18, 2021
（9）https://www.state.gov/joint-statement-by-the-secretary-of-state-of-the-united-states-of-america-and-the-foreign-ministers-of-france-germany-and-the-united-kingdom/ February 18, 2021,
（10）https://www.defense.gov/Explore/News/Article/Article/2508740/austin-says-afganistan-iraq-china-among-topics-after-nato-meeting/Feb.19, 2021,
（11）https://www.whitehouse.gov/briefing-room/speeches-remarks/2021/02/19/remarks-by-president-baiden-at-the-2021-virtual-munich-security-conference/
（12）https://www.state.gov/briefings/department-press-briefing-february-19-2021/

（13）Ｇ７首脳声明（外務省発表）。https://www.mofa.go.jp/mofaj/files/10015/243.pdf
（14）Ｇ７首脳テレビ会議（外務省発表）。https://www.mofa.go.jp/mofaj/gaiko/summit/page1_00934.pdf
（15）日米豪印首脳共同声明「日米豪印の精神」。https://www.mofa.gov.jp/mofaj/files/100159229.pdf
（16）https://www.whitehouse.gov/briefing-room/press-briefings/2021/03/12/press-briefing-by-press-secretary-jen-psaki-and-national-security-adviser-jake-sallivan-march-12-2021/
（17）https://www.whitehouse.gov/briefing-room/statements-releases/2021/09/24/joint-statement-from-quad-leaders/
（18）日米共同声明「新たな時代における日米グローバル・パートナーシップ」。https://www.mofa.go.jp/mofaj/files/100177719.pdf
（19）https://www.whitehouse.gov/briefing-room/speeches-remarks/2021/04/16/remarks-by-president-biden-and-prime-minister-suga-of-japan-at-press-conference/
（20）Foreign Ministry Spokesperson Wang Wenbin's Regular Press Conference on April 19,2021, https://www.fmprc.gov.cn/mfa-eng/xwfw_665399/s2510_665401/2511_665403/t1869850.shtml
（21）https://www.whitehouse.gov/briefing-room/statements-releases/2021/06/10/the-new-atlantic-charter/
（22）Stuart M. Patric, "Biden and Johnson's 'New Atlantic Charter' Has Big Shoes to Fill", *WORLD POLITICS REVIEW*, June 14, 2021, https:www.worldpoliticcsreview.com/articles/29729/biden-and johnson-anchor-us-uk-relations-on-values
（23）CARBIS BAY G7 SUMMIT COMMUNIQUE,13 June,2021, https://www.mofa.go.jp/mofaj/files/100200009.pdf
（24）https://www.whitehouse.gov/briefing-room/press-briefing/2021/06/12/background-press-call-by-senior-administration-officials-on-president-baidens-meeting-at-the-g7-summit/
（25）Ｇ７外務・開発大臣会合コミュニケ（骨子）。https://www.mofa.go.jp/fp/pc/page6_000557.html
（26）共同通信社刊「世界年鑑２０２０」。395. ISBN978-4-7641-0718-2 C0002
（27）*Global Britain in a competitive age The Integrated Review of Security, Defense, Development and Foreign Policy*. HM Government,16 March 2021, https://www.assets.publishing. service.gov.uk/government/upholds/system/upholds/attachment_data/file/969402/The_Integrated_Review_of_Security_Defense_Development_and Foreign_Policy

(28) Ibid.

(29) *EU Strategy for Cooperation in the Indo-Pacific.* Brussels 19/04/2021, https://www.eeas.europa.eu/headquaters/headquaters-homepage/96741/eu-strategy-cooperation-indo-pacific_en, https://www.ec.europe.en/commission/presscorner/detail/en/QADA_21_4709, https://www.eeas.europa.en/sites/default/files/jointcommunication_2021_24_1_en.pdf

(30) Eva Pejsova, "The EU's Indo-Pacific Strategy in 10 Points", *THE DIPLOMAT*, April 20, 2021, https://www.thediplomat.com/2021/04/the-eu-indo-pacific-strategy-in-10-points/ Eva Pejsova is senior Japan fellow at the Centre for Security, Diplomacy and Strategy (CSDS) of the Vrije Universiteit Brussels. (THE DIPLOMAT)

(31) NORTH ATLANTIC TREATY ORGANIZATION Brussels Summit Communique, 14 June 2021,

(32) *NATO 2030: United for a New Era.* 25 November 2020, https://www.nato.int/nato_static_fl2014/asstes/pdf/2020/12/pdf/201201-Reflection-Group-Final-Report-Uni.pdf

(33) Ibid., 17.

(34) Ibid., 27-28.

(35) Ibid., 23.

(36) U.S.-EU Summit Statement, JUNE 15,2021, https://www.whitehouse.gov/briefing-room/statements-releases/2021/06/15/u-s-eu-summit-statement. 24, 26.

(37) シーラ・A・スミス「バイデン政権：インド太平洋地域におけるコアリッション・アプローチ」、『国際問題』２０２１年６月号。No.701, 41-52.

(38) U.S.-Russia Presidential Joint statement on Strategic Stability. June 16,2021.https://www.whitehouse.gov/briefing-room/statements-releases/2021/06/16/u-s-russia-presidential-joint-statement-on-strategic-stability/

(39) 戸崎洋史「戦略的安定に関する共同声明」－戦略的競争下での米露関係の管理、国問研戦略コメント（2021-04）。日本国際問題研究所2021-06-29 https://www.jiia.or.jp/strategic_comment/2021-04.html

(40) 人民網日本語版　２０２１年８月26日。 http://j.people.com.cn/n3/2021/0826/c94474_9888537.html

(41) 三船恵美「中国の対中東政策」、『国際問題』２０２１年８月号。No.702、48-53.

(42) 三船恵美、同。

(43) 日本経済新聞２０２３年３月11日付朝刊。

第5章　高まるアジアの緊張（その一）
―波高し東シナ海と南シナ海―

第1節　今そこにある「尖閣危機」

日本をめぐるアジアの安全保障環境は、日中国交正常化や沖縄返還という「戦後」という時期を画する大きな政治課題を解決した1970年代初頭以降50年間に限って見ても、中国の突出した軍事力の膨張、驚異的な進展を見せる北朝鮮の核・ミサイル開発、これにロシアの軍事的脅威の増大も重なって厳しさを強めるばかりである。第2次大戦終了（1945年8月15日）後の9月に入ってから、日本占領の米軍の不在を見て北方四島を軍事占領した旧ソ連を継承したロシアのウラジーミル・プーチン政権は島々への軍備を増強、周辺や日本周辺海域で頻繁に軍事演習を実施して日米同盟を牽制、脅威を高めてきた。憲法を改正して領土割譲を禁止したプーチン大統領に日本との交渉で返還する意思があると考えるのは誤りだ。それは日本側の希望的観測に基づく幻想に過ぎない。21世紀に入ってからも旧ソ連構成国であったウクライナの要衝クリミア半島を軍事併合、さらに2022年2月24日にはウクライナ全土へ軍事侵略を断行したその侵略体質が証明している。

しかし、いま日本が直面しているより大きな切迫した危機は、中国による東シナ海と南シナ海における急速な軍事力の増強を伴う、国際法と相いれない一方的な現状変更による領土と海洋主権の拡張の動きにほかならない。第一に日本にとって「今そこにある危機」は沖縄県石垣市の尖閣諸島への執拗な領海侵犯などの主権侵害行為である。第二に「台湾統一」を旗印とする中国による台湾の「防空識別圏」に対する多数の戦闘機や爆撃機などによる組織的進入など近未来の台湾への武力侵攻も想定した軍事的脅威の増大である。第三にはフィリピンやベトナムなど東南アジア諸国と領有権争いがある南シナ海の岩礁の埋め立て、人工島造成と軍事基地化（ミサイル、レーダー、滑走路、格納庫などの建設）と軍事演習である。万国共通の重要な海上交通路（シーレーン）の安全が脅かされている。このような中国大陸から海洋に向けた「南進」の動きは西太平洋から米軍事力を駆逐するための一貫した軍事戦略に沿ったものであり、米中間の覇権争奪戦の焦点となっている。「尖閣危機」はその一環であるという認識を日本人は深めなければならない。

1　強まる「グレーゾーン事態」

これら「三つの脅威」は特に２０１２年11月発足した中国の習近平（共産党総書記）指導部体制の下で日増しに強くなっていった。共通するのは陸海空軍の軍事力を背景にしながら、武力を直接行使せずに現状変更を相手に認めさせる「グレーゾーン事態」が特徴であることだ。この事態は平時でも有事でもない幅広い状況を指す。これについて防衛省は「国家間に領土、主権、海洋を含む経済権益について主張の対立があり、当事者が武力攻撃に当たらない範囲で実力組織を用いて、頻繁にプレゼンスを示すことで現状の変更を試み、自国の主張、要求を強要しようとする行為が行われる状況」と定義している。中国が時間をかけて少しずつ相手の主権を侵害する既成事実を積み重ねて実績を作る「サラミ戦術」を常套手段として東シナ海、南シナ海で駆使してきたのもこの戦略に沿ったものである。「三つの危機」が示すのはまさにこの事態である。国家間の競争の一環として長期に継続する傾向にあって、今後さらに増加、拡大して行く可能性があると防衛省は見ており、この「グレーゾーン事態」は「明確な兆候のないまま、より重大な事態へと急速に発展していくリスクをはらんでいる」と強い警戒感を示している(1)。

2　半世紀の「紛争」

「尖閣危機」は50年前に始まっていた。1968年秋に日本、台湾、韓国の専門家が中心になって国連アジア極東経済委員会（ECAFE）の協力を得て行った学術調査の結果、東シナ海に石油資源が埋蔵されている可能性が指摘され、尖閣諸島に注目が集まった。71年には中国、台湾が「領有権」について独自の主張を始めたのであった(2)。

77年7月に日本が領海法を施行すると、翌年４月には１週間にわたって中国漁船３５７隻が領海に侵入した。この年10月に予定された中国の最高実力者・鄧小平副首相の訪日との関連があると思われる。さらに96年7月に日本について国連海洋法条約が発効、日本の排他的経済水域（ＥＥＺ）が設定されると、9月には中国の海洋調査船が尖閣領海に侵入、翌10月には香港、台湾の活動家を乗せた船49隻が接近、うち41隻が領海に侵入し、４人が魚釣島に上陸した。これらの動きは国連の調査結果以降、日本政府の対応に対して中国が即座に反応し「領有権」主張を裏付けるための行動を起こしたことを示す。

21世紀に入ると、中国側の動きはさらに活発化、２００４年に中国の活動家7人が領海侵犯して魚釣島に上陸。２００８年12月8日に政府機関「海監」の２隻が領海侵入、公船として初めてとされる。海上保安庁巡視船の退去要求や外交ルートを通じた抗議にもかかわらず、9時間にわたって徘徊や漂白で領海内に居座ったことについて、外務省は「我が国の主権を侵害する明確な意図を持って航行し、実力によって現状変更を試みるという、従来には見られなかった中国の新たな姿勢が明らかになった」と、中国による「尖閣攻略作戦」の転換点になったとの見方を示した(3)。

それが如実に示されたのが２０１０年9月7日の中国漁船による巡視船への体当たり衝突事件であった(後述)。巡視船から激しい銃撃を受けても仕方がないこのような攻撃行動は一般の漁民ではできない。海上民兵の関与を疑わせるものがある。事件以降、中国公船は従来以上の頻度で領海侵入を繰り返した。２０１２年8月15日にも香港などの活動家7人が魚釣島に上陸した。事前の情報で派遣されていた警察、海保が乗船中の船員も含め14人を逮捕したが、公務執行妨害罪で起訴せず、裁判にかけないまま強制送還した。中国の「即時、無条件釈放」の要求がまかり通り、活動家は英雄視された。新華社の「釈放は賢明な行動」とする論評が「中国の領土」を内外に喧伝する北京の思惑通りになったことを示す。事件をきっかけに中国では反日活動が活発化した。

尖閣情勢の悪化に対して日本政府は2012年9月11日、3島（魚釣島、北小島、南小島）の所有権を民間から国に移管（国有化）した。中国資本（「隠れ」も含め）による全国各地の自衛隊や米軍基地、原子力発電所周辺の民間地の買収がひそかに進められていると伝えられる状況の下で、安全保障の観点からは遅すぎた観がある。しかし、中国側はすぐその3日後から連日のように尖閣諸島の接続水域に侵入するようになったが、このことは明らかに政府部内で検討を重ね計画的に準備した行動であることを示すものだ。

3　習近平体制で攻勢強化

国有化の2ヶ月後の11月15日に習近平が中国共産党中央委員会総書記、党中央軍事委員会主席に選出された。さらに翌年3月14日には国家主席、国家中央軍事委員会主席に就任し、党・国家・軍の三権を掌握したのである。2013年に中国の海洋関係の法執行機関が「海警局」に統一され、さらに18年には海警局が中央軍事委員会隷下の人民武装警察部隊（武警）に編入された。戦時下には人民解放軍の一部として活動する制度的基盤が整えられたのである。海警局公船（巡視船）としては異例の巡洋艦並みの1万トン級、76ミリ機関砲を備えるなどの大型化、武装強化は法執行機関の軍事組織化推進と無縁ではないと考える。

ＮＨＫ報道（２０２２年2月1日）によると、中国海軍のフリゲート艦12隻が海警局の船に転用するため改修され、将来20隻余りになるという。ミサイルは撤去されたが、76ミリ砲や射撃管制レーダーは残されて武力の強化は明らかだ(4)。中国公船の急速な増強と接続水域や領海への侵入の長期化を見ると極めて計画的であることが読み取れる。海上保安庁の「海上保安レポート」から中国の公船と日本の巡視船の勢力を比較して見ると歴然とした差が浮かび上がる(5)。接続水域や領海への侵入日数も長くなる一方で、政治・外交上の圧力を強める手段としていることが明白である。

〔２０１２年→14年→19年→21年の変化〕

＊１０００トン以上の大型中国公船（括弧内は日本巡視船）の隻数は40（51）→82（62）→１３０（66）→１３２（70）

（注）上記フリゲート艦の転用が完了すれば１５０隻以上、日本の2倍以上になる。

＊接続水域への

「侵入連続日数」35日→43日→64日→157日
「年間侵入日数」91日→243日→282日→332日
2020年には飛躍的に増加し連続侵入日数が111日間と最長を記録、21年には157日と記録を更新。年間侵入日数は20年333日、21年332日、22年336日、23年には最高記録を更新し4年連続で1年近くに達した。
＊領海侵入の連続時間も大幅に伸びた。林芳正外相が日本の外相として2023年3月に3年ぶりに訪中、日中外相会談の最中にも海警船3隻が4日間も領海侵入を続け、国有化以降の最長記録を更新、80時間36分となった。

4　論拠ない中国の領有権主張

中国は尖閣諸島の領有権の主張の根拠として、「古来からの中国固有の領土」、「日清戦争で日本がかすめ取った」、「日本の主張は第2次世界大戦の結果の否定」などを挙げてきた。これに対して日本政府は歴史的経緯、国際法上の根拠、日本領土と明記した中国側の資料などを挙げて詳細な反論をしてきた。

〈歴史的経緯〉

現地調査の結果、無人島で清国の支配がおよんでいないことを確認して1895年1月14日、閣議決定で沖縄県に編入した。これは国際法上の「先占の法理」に基づく。同年4月締結の日清講和条約に基づき清国から割譲された台湾および澎湖諸島には含まれていない。台湾総督府の管轄区域ではなく、沖縄県の一部として扱ってきた。

〈実効支配〉

1884年頃から尖閣諸島で漁業従事の民間人から出されていた国有地借用願を1896年に明治政府が許可。鰹節や缶詰製造、牧畜、燐鉱鳥糞の採掘などの事業を行った。政府の許可は日本の有効な支配を示すものだ。

〈第2次大戦の結果〉

サンフランシスコ平和条約第3条で南西諸島（琉球諸島および大東諸島を含む）などを米国を唯一の施政権者とする信託統治下におく。沖縄返還協定合意議事録で「日本に返還する領土」とは平和条約に基づく米国の施政権下にある領土と規定した。中国も台湾も平和条約で米国の施政権下におかれた地域に尖閣諸島が含まれている事実に対して何ら異議を唱えなかった。米軍は米施政権下の1950年代から尖閣諸島の一部の大正島、九場島を射爆場として利用してきたが、中国が異議を呈した形跡はない。第2次大戦の結果を処理したサンフランシスコ平和条約に基づいた処理に対して、突如として「世界反ファシスト戦争の勝利の結果に対する公然たる否定」などの異議を申し立てる中国の行動こそ、戦後国際秩序への深刻な挑戦である。

〈中国資料の日本領土明記〉

＊1920年5月、漂着した福建省漁民救済に対する中華民国長崎領事からの感謝状に「日本帝国沖縄県八重山郡尖閣列島」の記載がある。

＊1953年1月8日、中国共産党機関紙「人民日報」記事「琉球諸島における人々の米国占領反対の戦い」において、琉球諸島は尖閣諸島を含む7組の島嶼からなる旨の記載がある。

＊1958年、中国の地図出版社が出版した地図帳（1960年に第2次印刷）では尖閣諸島を「尖閣列島」と明記し、沖縄県の一部として扱っている。

5　尖閣「棚上げ論」

日本政府は尖閣諸島が日本固有の領土で、有効に支配しており、領有権の問題はそもそも存在しないという立場を崩していない。日中国交正常化（1972年9月）以来、尖閣問題が話題になったが、日本政府は「中国側との間で尖閣諸島について『棚上げ』や『現状維持』について合意した事実はない」とする立場を明らかにしている。公開された外交記録から過去の首脳間のやり取り、記者会見での発言も外務省ホームページで公開した（注2参照）。外務省は日本側の立場については、中国側に幾度となく明確に指摘して来ていると強調している。

【1972年9月27日、日中国交回復交渉で田中角栄首相と周恩来首相の会談の外交記録】

（田中首相）「尖閣諸島についてどう思うか？」

（周首相）「今回は話したくない。今、これを話すのはよくない。石油が出るから、これが問題になった。」

【1978年10月25日、日中平和友好条約交渉での福田赳夫首相と鄧小平副首相の会談の外交記録】

（鄧副首相）「（思い出したような素振りで）もう一点言っておきたいことがある。例えば中国で釣魚台、日本では尖閣諸島と呼んでいる問題がある。こういうことは、このような会談の席上に持ち出さなくてもよい問題である。次の世代は、われわれよりももっと知恵があり、この問題を解決できるだろう。この問題は大局から見ることが必要だ。」（福田総理より応答はなし）

【鄧小平氏記者会見（同日）】

「確かにこの問題については双方に食い違いがある。国交正常化の際、双方はこれに触れないと約束した。今回、平和友好条約交渉の際も同じくこの問題に触れないことで一致した。……両国交渉の際は、この問題は避ける方がいいと思う。こういう問題は一時タナ上げしても構わないと思う。10年タナ上げしても構わない。……次の世代はわれわれよりもっと知恵があろう。その時はみんなが受け入れられるいい解決方法を見いだせるだろう。」

6　腰が引けた日本政府の対応

一方的な現状変更を目指して強硬な態度を続ける中国に対する日本政府の対応は外交的な「抗議」を繰り返すばかりで、中国を刺激しないことを旨とした腰の引けた態度に終始してきた。典型的な例が2010年の漁船衝突事件で逮捕した中国人船長を当時の民主党・菅直人（かん・なおと）内閣による「超法規的」釈放である。9月7日に尖閣諸島の日本領海内で違法操業していた中国漁船が逃走中に巡視船2隻に衝突し破損させた。当時、領海内で中国漁船100隻余りが違法操業していたという。

巡視船は漁船を停船させて船長を公務執行妨害で逮捕、船長を那覇地方検察庁に送致した。これに中国側は猛反発、北京駐在の丹羽宇一郎大使を4回（最後は外交儀礼にも反する異例の未明の時間）も呼び出して抗議、船長らの即時釈放を要求した。日本は起訴する司法手続に従って勾留延長を決定したが、中国側は次々と報復の手を打ってきた。東シナ海ガス田問題や航空路線増便などの外交交渉の中止をはじめ、大手建設会社社員4人の身柄拘束、レアアース（希土類）の対日輸出停止など人質外交や経済制裁にまで広範囲におよんだ。一漁船の事件にしては異例の強硬策である。これを受けて日本政府が首脳レベルで協議の末、那覇地検が9月24日に「日中関係を考慮」して船長を処分保留で釈放、中国のチャーター機で中国へ送還され、船長は英雄扱いされた。

日本政府は菅首相、前原誠司外相ら首脳が国連総会出席のため9月21日、外務省の佐々江賢一郎事務次官ら幹部を交えた首相官邸での勉強会で事件への対応を協議した。逮捕、送検から拘留期間中にもかかわらず釈放に至った経緯には「政治的介入」の疑惑が持たれていたが、前原氏が8年後の２０２０年9月、産経新聞のインタビューで菅首相による直接の指示があったことを初めて明らかにした。

前原氏によると、首脳協議の場で菅首相が、拘留中の船長について「かなり強い調子で『釈放しろ』と言った」。その理由を聞くと菅氏は11月に横浜市でアジア太平洋経済協力会議（ＡＰＥＣ）首脳会議があるとして「（当時の中国国家主席）胡錦濤が来なくなる」と主張、前原氏が「来なくてもいいではないか」と異を唱えたが、菅氏は「オレがＡＰＥＣの議長だ。言うとおりにしろ」と述べた。前原氏はその後、仙谷由人内閣官房長官に「首相の支持は釈放だ」と報告した。（これを受けて官房長官→法務大臣→検察首脳会議→那覇地検のラインで釈放発表へと急速に動いた）。当時の外務省幹部も「菅首相の指示」を認めたが、菅氏は産経新聞の取材に「記憶にない」と答えたという(6)。

外務次官も同席する首相官邸での首脳会議、しかも日中国交にかかわる重大問題についての協議の内容を首相が「覚えていない」というのは驚くべきことだ。贈収賄など不祥事を追及された政治家が「記憶にない」を連発することがよくあるが、ことは日本の国益がかかる重大事件である。国際会議への中国主席欠席で主催国の首相の面子がつぶれるのを恐れたとすれば、国家指導者の資格はない。何よりも、首相官邸による司法への介入は「指揮権発動」ではないのか。かつて吉田茂首相が１９５４年、造船疑獄事件で当時の２０００万円の収賄容疑で検察庁から逮捕請求が出されていた佐藤栄作自由党幹事長

（後に首相）を救済するため、犬養健法相をして職権による指示で検事総長に対して逮捕状の執行をさせないよう指揮権発動をさせた歴史がある(7)。最高権力が司法の独立をねじ曲げた日本政治史に今も残る大きな汚点であったことを付記しておこう。

中国漁船衝突事件のビデオ映像を投稿し、職を賭して実態を国民に広く知らせた元海上保安官の一色正春氏は上記の産経新聞インタビューで「中国は尖閣をあきらめないので、わが国が譲るか、ぶつかるかの二つに一つしかない。島に人がいるかどうかが大きな違いになる。わが国は尖閣に誰も上陸させず、漁船も島に近づくことを禁じている。この状況を第三国が見ればどう思うだろうか」と、主権の行使を自ら放棄するような政府の中国への対応に強い疑問を投げかけている。

２０２１年9月に尖閣諸島を行政区域とする沖縄県石垣市が前年、諸島の字名を「石垣市字登野城（とのしろ）」から「石垣市字登野城尖閣」に変更したため制作した標柱を古いものと交換するため尖閣諸島に上陸申請をした。標柱は１９６９年に当時の市長が上陸して建てたものがあり、劣化したことと字名の変更に伴い交換のため上陸を申請した。しかし、総務省は9月28日付で不許可にした。理由について政府は「尖閣諸島の安定的な維持管理のため、政府関係者を除き尖閣諸島への上陸を認めない方針をとっている」と説明しているという(8)。

「政府関係者」についても漁民保護のための警察官や海上保安官の配置、環境保護対策・調査のための上陸も政府は認めようとはしてこなかったのが実態だ。「安定的な維持管理」の名目で中国を刺激しないよう、中国による主権侵害に目をつぶる極めて消極的な態度に終始してきた。中国が南シナ海で行政区を設置、国際法に違反する島嶼の埋め立てなどで実効支配の手を打ってきたのとは対照的である。尖閣海域は中国や台湾の漁船も押し寄せる好漁場であり、日本漁民保護のため安全確保の船だまりや灯台整備など主権の行使をするべきである。日米首脳間でたびたび約束される日米安全保障条約第５条（米国による日本防衛）の適用も日本による実効支配が前提である。無人島のまま放置すれば「実効支配」と見なされなくなる恐れもある。中国はそれを狙っているのであろう。主権の行使をないがしろにしては、領土保全は絵に描いた餅になる。

第２節　「尖閣」と直結する台湾海峡

1　中国軍の動き活発化

中国海警局船の動きは既に触れたが、尖閣諸島周辺、台湾海峡など東シナ海での中国人民解放軍（ＰＬＡ）の動向も注目しておく必要がある。法執行機関としての海警局が中央軍事委員会の一部として編入、戦時には海軍の指揮下に入るからである。中国の海上・航空戦力は海・空域での活動を急速に拡大・活発化させている。その目指すところは「第一列島線を越えて第二列島線を含む海域への戦力投射を可能にする能力をはじめ、より遠方の海空域における作戦遂行能力の構築」にあると防衛省は分析している(9)。

特に尖閣諸島周辺では行動を一方的にエスカレートさせるケースもあり「強く懸念される状況」も出現している。2016年には海軍戦闘艦として初めてフリゲート艦1隻が接続水域に入った。2018年には接続水域内で潜水艦の潜没航行を初めて確認、2020年には奄美大島(鹿児島県)周辺の接続水域で潜没航行。情報収集艦も2016年には屋久島付近の日本領海内を12年ぶりに航行した。航空戦力も沖縄本島など南西諸島により接近した空域で活発に活動しており、航空自衛隊機によるスクランブル回数も近年は中国機が60~70%を占める。防衛省は「東シナ海防空識別圏」の運用を企図した可能性があると見ている(10)。これらの動きは南西諸島周辺に限らず、尖閣から台湾、東シナ海から太平洋への軍事的進出を目指す中国戦略の一環である。

南西諸島の与那国島から台湾まで最短距離は110kmしか離れていない「目と鼻の先」だ。その台湾をめぐって2021年秋、大きな動きがあった。中国軍機が10月初頭、台湾の防空識別圏(ADIZ)に連日進入、その数は4日間で149機に上った。米国を中心にした「対中包囲網」に反発したものと見られる。米国は非軍事的な日米豪印4ヶ国(Quad)に加えて、同盟国同士である豪州、英国の三ヶ国による安全保障組織(AUKUS)を立ち上げた。これら諸国を中心に6ヶ国の共同軍事演習を沖縄南西海域で実施したほか、２０２０年８月以降、欧米の要人、国会議員団の訪台がひっきりなしに実現した。中国は２０２２年２月の北京冬季五輪開催を控え、中国の人権問題での「五輪ボイコット」の動きに神経をとがらせてきたことも背景にある。

２　台湾めぐる米中攻防

米中関係もバイデン政権下で大きな動きを見せた。習近平共産党総書記（国家主席）は10月９日の辛亥革命１１０周年記念大会で演説、台湾の「完全統一という歴史的任務は必ず実現しなければならない」と全国民に宣言した。他方、バイデン大統領は10月21日、テレビ集会で「台湾を守る責任がある」と発言した。失言癖で有名なバイデン氏だが、８月にも同様の趣旨の発言で物議を醸し、政府高官が「米国の台湾政策に変更はない」と打ち消しに回った経緯がある。しかし、バイデン氏は長らく上院外交委員長を務め副大統領も経験したベテラン政治家であり、台湾政策を熟知しているとされるだけに、「意図的な発言」とする見方もある。

ブリンケン国務長官も10月26日、世界保健機構（ＷＨＯ）など国連組織への台湾の参加を支持する声明を発表した。国連で中華人民共和国を加盟させ、台湾を追放するアルバニア決議案が可決されて50周年の節目に当たってのことだが、中国は即日、「絶対に認めない」と強い反発を示した。こうした中、台湾の蔡英文総統は10月27日放送の米テレビインタビューで、台湾軍訓練のため米軍が台湾に駐留していることを初めて公表した。蔡総統は中国による台湾攻撃の際には「米国など地域の民主主義国が助けてくれると信じている」と述べ、米国の同盟国である日本、韓国、豪州などを列挙して台湾支援を呼び掛けた。「台湾統一」を掲げて軍事的挑発を強めている中国をけん制したものであろう。これに対して中国外務省の汪文斌（おう・ぶんひん）報道官は「中国の国家主権を守る強い能力を見くびるな」と激しく反発した(11)。

3　すれ違いの首脳会談

中国共産党が2021年11月11日の19期中央委員会第6回全体会議（6中全会）で第三の「歴史決議」を採択、習氏を「党中央と全党の核心」として「指導的地位を確立」（6中全会コミュニケ）し、2022年秋の党大会で異例の総書記3期目への道を開いた。台湾問題では「『台湾独立』をもくろむ分裂の行動に断固反対し、両岸関係の主導権をしっかり握った」(12)と、習氏のリーダーシップを賞賛した。

バイデン大統領はその直後の11月15日（米国東部時間）、習国家主席と初のオンライン首脳会談を開いた。焦点は中国の人権問題と台湾情勢で、会談は休憩を挟んで3時間半におよんだ。バイデン氏が香港、チベット、新疆ウイグル自治区の人権侵害に懸念を表明したのに対して、習氏は「人権問題を口実とした内政干渉」に強く反発した。バイデン氏は中国の急速な核ミサイル開発を背景に戦略的危機管理の重要性、競争を紛争に転化させないための「共通のガードレール（防護柵）」の必要性を強調した。

台湾との関係ではバイデン氏が米中関係の基礎である「一つの中国」政策、台湾関係法、（米中間）三つの米中共同コミュニケ、「六つの保証」に基づいて対処する従来の方針を踏襲しつつ、「台湾海峡の平和と安定を損なう一方的な現状変更に強く反対する」姿勢を改めて強調した(13)。これに対して、「台湾問題が米中関係で最も重要で敏感な問題」とする中国側は、習主席が「一つの中国」の原則、三つの米中共同コミュニケが米中関係の政治的基礎であると明確に指摘。台湾問題で『台湾独立』勢力がレッドライン（越えてはならない一線）を突破すれば、断固措置をとらざるを得ない」と、武力行使を含めた強硬姿勢を示した(14)。米中首脳間の直接対話はすれ違いを歴然と見せつけるのに終わった。

ここで注目されるのはバイデン大統領が「六つの保証」を首脳会談で改めて提起したことである。「六つの保証」とは米国が中国との国交開始、台湾との外交関係断絶後も台湾に武器を売却する方針を明確にしたもので、「台湾関係法」とともに台湾政策の基本的要素になっている。１９８２年８月、当時のレーガン政権が認めた。２０１６年に米議会が非拘束決議として可決、台湾政策の重要な要素として確立した。バイデン政権は２０２０年８月、国務省の機密電報を解除し公開に踏み切った。ホワイトハウス国家安全保障会議のオブライエン大統領補佐官による7月16日付の機密解除の署名がある(15)。米国による機密解除について台湾外交部（外務省）は「米国が台湾の安全保障に対する固い約束をしたもの」として「心からの謝意を表明」した[16]。

バイデン政権の2022年国家安全保障戦略（NSS）も上記の政策を改めて確認、台湾の自衛を支持、台湾への武力行使や威嚇に反対する米国のコミットメントを再確認した。これを踏まえた2022年11月14日、インドネシア・バリ島での初の対面首脳会談でバイデン大統領が中国によるますます攻撃的な行動に強く反対したのに対し、台湾への武力行使を放棄しないとする習主席が「台湾問題は中国の核心的利益中の正に核心」、「米中間の越えてはならない第一のレッドラインだ」とさらにトーンを強めた[17]。米国はバイデン政権になってからも台湾への武器売却を増加させており、米中間の緊張は高まる一方である。

4 「抑止は不確実」の危機感

オンラインの米中首脳会談開催に合わせるように、米議会超党派の米中経済安全保障調査委員会が公表した「2021年次報告書」（2021年11月17日）は、中国軍の侵攻能力強化で台湾海峡の軍事バランスが変化、中台両岸の抑止が危険で不確実な情勢になったと警告した。報告書は毎年発表されてきたが、「抑止が不確実」としたのは初めてである。これによると、中国指導部は2020年を人民解放軍の台湾侵攻に必要な能力開発の目標としてきたが、既に台湾に対する空・海封鎖、サイバー攻撃、ミサイル攻撃に必要な能力を備えた。今や「両岸の抑止は危険な不確実の時期にある。中国の軍事能力の向上は根本的に戦略環境を変え、両岸の抑止の軍事的側面を弱体化させた」と判定したのである。

そして「米国の通常兵力だけで中国指導部が台湾侵攻を開始するのを抑え続けられるか不確かになった。（このような情勢から）もし中国指導部が米国は軍事的能力を欠くか、政治的に介入する意思を欠くか、または米国の戦略的曖昧さについて、台湾侵攻をしても米国の決定的な反撃を招かないという意味に解釈すれば、おそらく抑止の失敗が起きるだろう」との結論を下した。委員会は議会への勧告として、短期間に米軍抑止力の強化、台湾関係法に基づく義務を果たすため米国の能力維持のための方策を提言した。この中にはインド太平洋における対艦巡航ミサイル、弾道ミサイルの大量配備、インド太平洋軍（INDOPACOM）が求める東・南シナ海における情報、監視、偵察能力向上、強固なミサイル防衛システムを含むこの地域の米軍基地の防護強化のための予算措置が含まれる(18)。

地理的な位置を考えれば、台湾防衛のための直近の米軍基地は第一列島線上の沖縄を含む在日米軍基地である。さらに米軍の戦略基地であるグアム島は第二列島線上にある。台湾有事の際に米軍が投入されるとすれば、西太平洋地域の米軍基地がサイバー、ミサイルを含めたあらゆる種類の中国の攻撃対象になることが当然想定されるからこのような勧告になった。「台湾有事」が西太平洋で最大の米軍基地を抱える日本の有事であることは火を見るよりも明らかなことである。菅・バイデン共同声明（２０２１

年4月16日）で「台湾海峡の平和と安定の重要性」を強調したのは、まさにこのような共通認識が日米間にあったからである。

第3節　南シナ海は米中の「主戦場」

1　同根の尖閣と南シナ海

尖閣諸島でも南シナ海においても、「歴史的な領土・領海」という国際法上認められない一方的な主張に基づいて、中国政府の巡視船などの公船が公然と領海を侵犯し、威嚇行為を繰り返してきた。2016年7月のハーグ仲裁裁判（フィリピンVS・中国）決定で中国の「歴史的権利」は完全に否定されたが、力を持って現状変更を行い、それを既成事実化して中国による「実効支配」を国際的に認知させようとする点で同根である。

ある国が侵略行動に出るための要件は三つある。第一に支配領域を拡大しようとする確固たる政治的意志がある。第二に古来から自国民が在住、経済活動などでかかわってきたという歴史的な理由を挙げて「自国民の保護や領土主権」の主張を正当化する。第三に武力侵攻を実現するための軍事能力（艦船、航空機、ミサイル、レーダーなどの攻撃装備）を増強し軍事的優勢を確保する。尖閣諸島や南シナ海での中国の行動を見れば、この三つの要件について共通する。

「プーチンのロシア」によるウクライナ侵略戦争も欧州における好例である。侵略への野望を抑止するには、守る側が同盟などで国際的連帯を構築して強固な防衛体制を整えて対抗する政治的意思を示し、「侵略行動に対しては軍事的にそれを上回る反撃で重大な損害を与える」という強い意思を相手に示して抑止する他はない。それに失敗したのが米オバマ政権（バイデン氏が副大統領だった）当時のロシアによるクリミア併合（２０１４年）であった。２０２２年の戦争もウクライナがＮＡＴＯ未加盟であり、アフガニスタンから撤退した米バイデン政権も直接軍事介入しないと踏んだプーチンが敢行した。ただし、プーチンの誤算はウクライナ国民の抵抗（意思と軍事力）の強さを読み損なった上、米欧諸国が継続的な軍事支援でウクライナを支えたことにあった。

北朝鮮の急速な核・ミサイル開発に対しても、圧力より関与に傾斜したオバマ政権の「戦略的忍耐」の失敗が大陸間弾道弾（ＩＣＢＭ）など攻撃能力の飛躍的進展を許した。２０１４年以降の中国による南シナ海における大規模で急速な埋め立ても事実上放任してきた。中国もこのことを十分念頭に置いた対米行動をしているだろう。第2次世界大戦につながったナチス・ドイツのヒトラーによるチェコ・ズデーデン地方割譲を英仏が認めたミュンヘン協定（１９３８年9月）の対独融和外交失敗の「歴史の教訓」を日本は忘れてはならない。

2　仲裁裁判で真っ向対立

米国務省は2020年1月12日、中国の南シナ海における海洋主権の主張を否定する「海洋の範囲」と題する報告書を新たに発表した。ハーグの仲裁裁判所の全会一致の決定（2016年7月12日）と、これに対する中国政府声明の反論（同日）、米国の公式見解を網羅した公式文書である。

【仲裁裁判所決定】The South China Sea Arbitration (The Republic of the Philippines v. The People's Republic of China)

（中国が引いた）「九段線」で取り囲まれた南シナ海の海洋領域に関する中国のいう歴史的諸権利、他の主権や管轄権などの主張は国連海洋法条約（UNCLOS）に反し法的効力はない。

【中国の反論】

一、中国は東沙、西沙、中沙、南沙群島からなる南（シナ）海諸島の主権を有する。

二、中国は南（シナ）海諸島に内水面、領海、接続水域を有する。

三、中国は南（シナ）海諸島に排他的経済水域および大陸棚を有する。

四、中国は南シナ海における歴史的権利を有する。

上記の要件は関係する国際法と慣習に合致するものである。

【米国の主張】

中国の南シナ海における１００以上の海洋地形（maritime features）に対する主権または排他的管轄権の主張は不法で国連海洋法条約に反映されている国際法と相いれない。例えば、領海を無害通航する軍艦に事前許可の申請要求、接続水域における「安全保障」法違反の防止と処罰権限の主張、排他的経済水域における軍事活動の禁止などがある。中国の不法な主張は国際的に認知された国際法の規定をひどく損なうもので、米国ほか多数の国々が拒否している[19]。

中国は「決定」を「紙くず」として拒否し続けている。この国務省文書について中国は外務省報道官が直ちに反論した。その趣旨は①米国はＵＮＣＬＯＳに加入を拒否しながら、審判を自称する二重基準をとっている②中国の南シナ海諸島に持つ主権は長い歴史の中で確立したもので、海洋法条約など国際法に合致する③仲裁裁判の権限を越え法を無視した決定は無効で国際法違反であり、中国は認めない―というものである[20]。

３　米中がＡＳＥＡＮ争奪戦

防衛白書によれば、習近平政権下の中国は南シナ海の南沙（スプラトリー）諸島などで２０１４年以降、大規模で急速な埋め立てを強行し、対空砲用の砲台やミサイル・シェルター、戦闘艦が入港可能な大型港湾、戦闘機や爆撃機が離発着できる滑走路、レーダー施設などが整備された。軍事拠点化、軍備増強について防衛省は「本格的に軍事目的で利用された場合、インド太平洋地域の安全保障環境を大きく変化させる可能性がある」と警戒を露わにしている[21]。これに対して米国は南シナ海の公海上の軍艦や軍用機の航行、飛行の自由を示すため、「航行の自由作戦」や豪州などの同盟国、有志国との合同軍事演習を継続して実施してきた。米中双方によるプレゼンス強化の動きについて、米国の識者の間からは「米国に対して中国が軍事的能力を含む『全面的競争』を仕掛けている」との見方がある。

東シナ海や台湾海峡と連動して南シナ海でも米中間の軍事的な緊張が高まり、東南アジア諸国連合（ＡＳＥＡＮ）を含めた地域諸国に動揺が広がった。トランプ政権がＡＳＥＡＮ関連の首脳会議を連続して欠席し「無関心」を印象付けたのを「好機」ととらえた中国は経済的影響力を武器に東南アジア諸国の分断に注力した。カンボジア、ラオス、さらに軍事クーデターで政権を握ったミャンマーなどの取り込みに腐心している。南シナ海における軍事力の展開でも米軍のプレゼンスの強化に対応して、中国は戦闘機や爆撃機の展開や弾道ミサイルの発射などで対応しており、緊張が高まる一方である。

ＡＳＥＡＮの運営は「全会一致」が原則だ。その「一体性」を維持するため首脳会議の共同声明での「緊張への懸念」表明や、中国との「南シナ海における行動規範（ＣＯＣ）」交渉についての書きぶりが毎年持ち回りで交代する議長国によって変転することが多い。最も親中色が濃いカンボジアが議長番の２０１２年には南シナ海問題で対中批判のベトナムやフィリピンと対立してＡＳＥＡＮ外相会議の議長声明がまとまらなかった経緯がある。２０２０年の議長国ベトナムのファム・ビン・ミン副首相兼外相は「大国間の競争に巻き込まれたくない」と米中の板挟みになった苦悩を吐露した(22)。

中国はアジア諸国に対して経済力を最大限利用して連携を一層強化しようとしている。２０２１年に中国・ＡＳＥＡＮ対話30周年を迎え、中国政府は「中国－ＡＳＥＡＮ協力：１９９１－２０２１」という総括文書を公表した。中国外務省は2国間貿易が85倍になりＡＳＥＡＮが中国の最大の貿易相手になったこと、習主席の業績として「包括的戦略パートナーシップ」の創設を発表したことなどを挙げ、中国が力を入れた東アジア地域包括的経済連携（ＲＣＥＰ）協定の発効（２０２２年1月1日）が「関係発展の新たな機会になる」と最大限に活用する姿勢を明らかにしている。軍事力増強の一方で経済関係の強化もさらに推進する構えだ(23)。

4　巻き返しのブリンケン演説

トランプ政権の無関心で東南アジアへの影響力を低下させ中国の浸透を許した米国はバイデン政権で巻き返しに出て、ハリス副大統領やオースチン国防長官ら政権幹部を送り込んだ。ＡＳＥＡＮの盟主を自任するインドネシアでは２０２１年12月、ブリンケン国務長官が「自由で開かれたインド太平洋」をテーマにした政策演説で「世界の運命はインド太平洋に掛かっている」と地域重視、米国の再関与を改めて宣言した。「世界経済の60％、過去5年間の経済成長の3分の2を占める世界で最も成長の早い地域だ」と持ち上げ、インド太平洋地域が「21世紀世界の道筋を方向付けるだろう」と言い切った。

基本姿勢としてミャンマーの軍事クーデターを挙げながら、民主主義と人権に対する挑戦への対処の決意を明らかにした。安全保障関係では南シナ海における海洋の自由、台湾海峡の暗影を強調した上で同盟関係の強化、有志国との協力推進の例として日米豪印4ヶ国（Ｑｕａｄ＝クアッド）を例示した。さらに同盟国と有志国が持つ力を総動員した「統合抑止戦略」を採るとして、戦略的利益を促進するための米英豪3ヶ国体制（ＡＵＫＵＳ＝オーカス）を最適な例として挙げた。これを受けてホワイトハウスが２０２２年2月11日「インド太平洋戦略」を発表した。「自由で開かれたインド太平洋」の実現のために地域を越えた集団的能力の構築のため、クアッドとオーカスを両輪にインド太平洋と欧州・大西洋の間の連携強化を打ち出した(24)。

経済関係の強化も重要な柱である。ブリンケン長官は「バイデン大統領の指示」として包括的な「インド太平洋経済枠組（ＩＰＥＦ）」の構築を目指すと言明した。中国を念頭に貿易促進、デジタル経済、技術、強靭な供給網、脱炭素、クリーンエネルギー、インフラなど広範なテーマにおよぶ。ミクロネシアなど太平洋諸島との海底ケーブルの敷設も含め、これらの項目は経済安全保障の主要なテーマだ。フィジーも含め14ヶ国が参加するＩＰＥＦは同年9月に正式交渉入りを宣言したが、関税撤廃を交渉の対象外としたことからもトランプ政権が脱退した環太平洋経済連携協定（ＴＰＰ）に代わりうるものにはなり得ない。

ブリンケン演説に対しては手厳しい批判も米国内からある。外交誌THE DIPLOMATの編集者は 演説直前にバイデン政権がオンラインで開いた「民主主義サミット」と同じように「米国は善、中国は悪」という前提に立つ「二元論」に立って、複雑で相互に絡み合った世界を「民主的か、権威主義的か」二つの陣営に分割する政権の立場を反映していると分析した。インド太平洋地域は総じて活発な米国の関与を支持するものの、ワシントンの硬直した二元論は拒絶する。「もし米国がこれに耳を傾けなければ、東南アジア、より広くはインド太平洋政策は戦略を欠いたスローガンに終わる運命にあるのだ」と手厳しい[25]。このような声はホワイトハウスに届いているであろうか?

元オバマ・バイデン政権の中枢にいたダニエル・ラッセル元国務次官補とウェンディ・カトラー元通商代表部次席代行がバイデン政権発足1年を振り返って外交政策を総括した[26]。政治、外交で同盟関係の再建を進めクアッドやオーカスなど同盟国や有志国を巻き込んだ進展を「重要で戦略的」と高く評価したのは当然だが、米中関係はオンラインの首脳会談にもかかわらず、「多くの分野で危険に満ちている」と悲観的な見通しだ。インド太平洋地域について「経済貿易の分野が一年目のアジア政策の大きな欠点だ」と辛い点を付け、「経済分野こそアジアの真の闘争の場である」と断言した。「インド太平洋経済枠組（ＩＰＥＦ）」が米国の地域への関与を強めるとしても、ＴＰＰに取って代わるものと見られることはないだろう」と言う。バイデン政権はＴＰＰの復帰には、政権基盤の労働組合などの圧力で消極姿勢だが、ラッセル氏らは地域で信頼や中国の加盟申請を考え、復帰へ再考を促した。そもそもＴＰＰを精力的に進めたのがオバマ政権だったのである。日本は「自由で開かれたインド太平洋」構想を具体的に進めるためにも、米国内世論に積極的に働きかけてバイデン政権にＴＰＰ復帰を説得し続ける必要があるのだ。

5 「自由で開かれたインド太平洋」誕生秘話

「自由で開かれたインド太平洋（Free and Open Indo-Pacific=FOIP）」は東南アジアから欧州にまで広がりを見せるという世界的な外交構想に発展した。中国の拡張主義的な経済、外交、軍事動向に対する警戒感が後押ししたことは否めない。特に、米中対立の激化とともにトランプ、バイデン両政権下で「中国包囲網」のダイナミズムが働いたことも大きな要素として上げられる。しかし、ＦＯＩＰはそもそも日本が提唱した外交構想であった。安倍晋三首相が２０１６年8月27日、アフリカのケニアで開催した第6回アフリカ開発会議（ＴＩＣＡＤ Ⅵ）開会式での基調講演で明らかにした。

☆安倍晋三首相

「日本は太平洋とインド洋、アジアとアフリカの交わりを力と威圧と無縁で、自由と法の支配、市場経済を重んじる場として育て、豊かにする責任をにないます」
「両大陸をつなぐ海を平和なルールの支配する海とするため、アフリカの皆さまと一緒に働きたい。それが日本の願いです」(27)

発表当初、日本外務省はＦＯＩＰに「戦略（Strategy）」を付けていた。日本の開発援助はアジアの経済的飛躍から取り残されていたアフリカに向かっており、日本が主導してきたのがＴＩＣＡＤである。アジアの経済成長を中東、アフリカへとつなげて経済発展を促進するという発想であった。国連加盟国の４分の１以上を占める「大票田」のアフリカの支持を求めて日本がドイツ、ブラジル、南アフリカとともに国連安全保障理事会の常任理事国の枠拡大を目指してきた事情もある。何よりも「インド太平洋」は欧州―中東―アジアを結ぶ経済の大動脈（海上交通路）であり、湾岸戦争、アフガニスタン戦争だけをとってもこの地域の安定確保は日本の安全保障の観点からも最重要課題であることは明白であった。もちろん、中国の東アフリカ・ジブチでの軍事基地建設、スリランカやパキスタンなどインド洋地域への積極的展開に対する対応も視野に入っていた。

安倍構想を発表した年の外交活動をまとめた２０１７年外交青書では「この戦略を具体化していくため、東アフリカと結び付きの強いインド、同盟国の米国やオーストラリアとの戦略的連携を一層強化していく考え」を明記した。２０１６年には既にＦＯＩＰとの連結を想定した日米豪印４ヶ国のクアッド構想を打ち出していたのだ(28)。2018年には安倍首相の訪米とトランプ大統領との会談、インドのモディ首相の訪日、安倍首相のオーストラリア訪問でモリソン首相との個別会談を矢継ぎ早に開催、4首脳が顔を合わせるクアッド首脳会議の下地を作ったのだった。2019年外交青書ではFOIP戦略の発表から2年以上が経過し、国際社会で考え方が共有されてきたとして構想推進への自信を示した。この時点で「戦略」という言葉を使わなくなっていた。「中国包囲網」との印象を避け、中国との経済的関係が強まっているアジア、アフリカ諸国への支持の広がりを期待したという見方もある。外務省はFOIPの実現のための日本の取り組みとして3本の柱を挙げている(29)。

（1）法の支配、航行の自由、自由貿易の定着
（2）国際基準にのっとった「質の高いインフラ」整備などによる経済的繁栄の追求
（3）法執行能力の向上支援など平和と安定の取り組み

これらを総じて見れば、国際法にのっとって国際公共財である海洋とシーレーン（海上交通路）の自由を守り、中国の「一帯一路」による「債務の罠」を回避するための具体策であり、アジアに収まらず中東からアフリカへと影響力の拡大を目指す中国の動向を意識したものであった。このような普遍的な原則を正面に掲げたことが日本発の戦略が世界に広く浸透する背景になったと言える。

６　国際社会に日本の旗印が浸透

ＦＯＩＰ戦略が発表されてから5年後の２０２１年6月に、ＮＨＫが戦略が生まれた舞台裏についての特集で「自由で開かれたインド太平洋誕生秘話」と題して放送した。インタビューに応じたのは構想発案者の市川恵一外務省北米局長である。アフリカでの安倍演説当時、市川は外交政策立案の要であり首相官邸とのつなぎ役の総合外交政策局総務課長の職にあった。日本が得意としてきた政府開発援助（ＯＤＡ）が限られ、日本の国際社会における存在感が乏しいとの「危機感」が根底にあり、外務省上層部も日本外交の大きな指針がないことへの強い不安を抱えていた、という。「日本のプレゼンスを高める上で一貫したメッセージが非常に大事。国として目指すべきものを言葉で表し具体的な行動で示すことで、国際社会から大きな信頼が得られる」（市川）というのが基本的考えだ。

カギとなるのは米国の動向だった。トランプ大統領は日本の外交構想を採用、ハワイの「太平洋軍」の名称を「インド太平洋軍」に改称した。バイデン大統領が就任前の２０２０年11月に菅義偉首相との電話会談で「繁栄した安全な（Prosperous and Secured）インド太平洋」を口にしたことで揺らぎが見えたが、市川氏ら外務省高官が米国の説得に当たり、大統領就任直後の２０２１年1月の日米首脳会談でバイデン氏の発言は「自由で開かれたインド太平洋」に戻った。米国がＦＯＩＰを支持することの重要性について市川氏の発言。「基本的に内向きの国である米国がインド太平洋地域への関与を確保していくのは非常に大事なことで、うまく導いていくのが日本の役割だ」。アメリカを戦略を持ってアジアにつなぎ止める役割を果たせるのは日本しかない、ということである。市川氏は日本外交にＦＯＩＰが与えた影響について「顔が見える外交になったということ。国家も何を目指していくかが一番大事です。日本の旗印が浸透したということは言える」と語っている(30)。

第４節　中国のアジア軍事戦略

１　統合作戦能力を深化

米国防総省の「２０２１年中国軍事力報告」は中国が目指す国家戦略として、建国１００周年の２０４９年までに「中華民族の偉大な復興」の達成が目的と分析した。その内容は米国の世界的な影響力と同じか追い越すこと、インド太平洋地域において米国の同盟・安保のパートナーシップに取って代わること、国際秩序を中国の権威主義体制や国益にとってより有利になるように代えることを挙げた。そのための軍事戦略として中国人民解放軍（ＰＬＡ）を世界一流の軍隊に強化することが不可欠の要素として最重要課題であることが強調されている。この戦略に沿ってＰＬＡは２０２０年には、建軍１００周年の２０２７年における近代化の新たな目標を設定し軍の近代化、情報化、智能化の統合的発展を加速することとした。これが実現されれば台湾危機の際、より信頼できる軍事的選択肢を持つことができると指摘した。インド太平洋軍のフィリップ・デービッドソン司令官が2021年に、6年以内に台湾侵攻がありうる旨の議会証言をしたのはこれを念頭に置いたのであろう。

中国は核運搬手段としての大陸間弾道弾（ICBM）や中距離弾道ミサイル（IRBM）の開発を急ピッチで進めており、核弾頭も2027年までに700発、2030年までに1000発の保有が可能になる。これは2020年の国防総省の予想を数量、ペースとも上回ると核戦力の増強に警戒感を強め、2022年報告では2035年までに1500発保有と推計した。また、中国は台湾危機のような大規模作戦で第3国（米国）の干渉を抑止、撃退するための「接近阻止・領域拒否（A2／AD）能力の開発を推進している。今のところ、第1列島線内で最も活発だが、第2列島線に至る作戦が可能な重要な戦力を配置しつつあり、さらに戦力を強化して広く太平洋に、また世界に展開しようと戦力強化を目指していると分析している[31]。

中国の軍事戦略については防衛省防衛研究所・杉浦康之（地域研究部中国研究室主任研究官）著「中国安全保障レポート2022」に詳しい。それによると、江沢民時代（1989年－2004年）には、1991年の湾岸戦争で米国を中心とする多国籍軍がイラク軍を圧倒したことからハイテク戦争下の新しい軍事ドクトリンとして火力とともに情報化を重視、指揮・通信・コンピューター・情報・監視・

偵察（C４ＩＳＲ）を重要戦略とみなし「統合作戦」の構想が登場した。精密誘導兵器とともに情報支援、電子戦、自動指揮の各システムの結合が注目される。ＰＬＡではシステムに関して「系統（システム）」と、多くのシステム（系統）から構成される「体系（システム・オブ・システム）」があり、後者を「システム体系」と表記するとしている。胡錦濤時代（２００４年―２０１２年）には、ネットワーク情報化システムに依拠して陸・海・空・宇宙・サイバー・電磁波などの空間及び認知領域で行われるシステム体系対抗を主な形態とする「情報化戦争」に呼応する基本的な作戦形式として「一体化統合作戦」構想を掲げた(32)。

習近平時代（２０１２年―）に入ると「智能化戦争」の概念が提唱された。２０１９年の国防白書では「情報技術を核心とする軍事のハイテクノロジー技術は目覚ましく進歩し、精密化、智能化、ステルス化、無人化の傾向がより顕著になり、戦争の形態が情報化戦争へと速やかに変化し、智能化戦争が初めて姿を現している」と評価した。「智能化戦争」について国防大学の研究者は「モノのインターネット（ＩｏＴ）情報システムを基礎として智能化された武器・装備及び関連する作戦方法を使用して、陸・海・空・宇宙・サイバー電磁波および認知領域で進める一体化戦争」と定義した。これを受けて２０２０年には統一された指揮、作戦目的や計画に従い多くの領域で実施される「多領域一体統合作戦」の概念が登場したとされる(33)。「レポート２０２２」は「ＰＬＡは軍改革で大きな成果を得、その統合作戦能力を深化させたと評価できる」とした上で、日本は安全保障政策の立案に際して、「客観的な視点から人民解放軍の統合作戦能力を可能な限り正確に見積もっておくことがますます重要となる」と結んでいる(34)。

2　尖閣奪取シナリオ

このような戦略の支えとなる２０２１年度中国の公表国防予算は（1元15円で換算して）日本円で約20兆３３００億円、日本防衛費の約4倍になる。中国の国防予算の規模は30年間で約42倍、最近の10年間で２・３倍という急成長だ。日本は30年間で約１・２倍に過ぎない(35)。軍事費の格差の拡大がインド太平洋における日中間の軍事バランスの劇的な変化と中国の攻撃的姿勢、さらに日米同盟の抑止態勢に深刻な影響を与えることは必至である。

日本の安全保障に死活的に重要な海洋戦力で深刻な事態に陥っていることに警鐘を鳴らしたのが米海軍大学で戦略論の教授を務めたトシ・ヨシハラ氏だ。２０２０年の論文（DRAGON AGAINST THE SUN）でヨシハラ氏は、（1）アジアで海軍力の日中バランスが日本に不利に劇的に変化した、（2）このため中国はより攻撃的な戦略を取る、（3）日本の海軍力の後退は米国の信頼を損ねて日米同盟の抑止態勢を弱める、（4）危機の際に抑止失敗の可能性が増大、リベラルな国際秩序を守る能力を損なう―と指摘した。この研究論文は中国人による中国語の公開資料に基づいて「重要だがこれまで見逃されてきたテーマ」を検討した初めてのものとしている。ヨシハラ氏は対日優勢の自信から「中国が力の脅しに頼る可能性が増す」として「インド太平洋の海洋の安定にとって悪い前兆になる」ことに強い懸念を示した。日中間の海軍力の変化は地域の安全保障、米中戦略競争にも影響し、日中海洋危機は米国を巻き込むことにつながる。また、台湾海峡の抑止が破綻した場合には米軍に基地を提供している日本が巻き込まれないのは事実上不可能であると断言している[36]。

この論文で注目されたのが中国軍による尖閣諸島奪取の作戦シナリオである。2人の中国人が海軍関係の専門誌に寄稿した中国人読者の受けを狙った架空の物語だが、ヨシハラ氏は中国の作戦成功に至る重要な記述を含むとして取り上げたのだ。

まず、日本の巡視船による2000トン級の中国海警局船（巡視船）への発砲が戦争の引き金になった。フィリピンとボルネオ島間のスールー海にいた中国空母「遼寧」の機動部隊が宮古海峡へ転進。日本は早期警戒機E-2CとF-15戦闘機が電子戦で撃墜され、東シナ海の制空権を失う。中国軍は沖縄防空の要である那覇空港を巡航ミサイルで攻撃、弾道ミサイルの集中攻撃で日本のミサイル防衛「パトリオット」システムを圧倒し、24時間内に制空権を握る。米国は日米安全保障条約の発動を拒否した。メディアへのリークでワシントンはこの紛争が米国の死活的利害にかかわると見なさず、大統領はおざなりの経済制裁を科したが、それ以上のことをする気がないことは明らかだった。

中国は尖閣諸島に向かう自衛隊の水陸両用部隊を護衛する艦隊を戦闘爆撃機が撃破、護衛艦2隻を撃沈。日本の上陸作戦は失敗した。米軍の偵察機は遠くから戦闘を見届けて無傷の嘉手納空軍基地に帰投。米国がこの戦闘にかかわらなかったのは明らかだ。これは米国の不介入と引き替えに嘉手納を攻撃しないと中国が約束していたことを示唆する。日本は中国軍の上陸を阻止できなかった。「そうりゅう」級潜水艦は中国の対潜哨戒機によって撃沈され、尖閣諸島は４日以内に中国軍の手に落ちた。

（執拗な中国海警船の尖閣諸島への領海侵犯にもかかわらず、海上保安庁の巡視船が歯がゆいほど辛抱強く対処しているのは、上記のような中国側の挑発の裏にある策略を見抜いて、その罠にはまらないよう細心の注意を払っているからであろう＝鍋嶋注）。

ヨシハラ氏はこのシナリオが中国にとって楽観的な前提に立ち、結果が決まっている点で懐疑的な見方もできるとしながらも、それにもかかわらず、これには「勝敗をめぐる理にかなう洞察と中国側の作戦成功の手掛かりがある」と指摘する。つまり「中国の好む戦略のある側面がうかがえる」というのだ。

（１）戦争の直接の原因＝日本側による最初の武力行使だが、中国側が故意に日本の指揮官を挑発して発砲するように仕掛けた。これで中国は反撃の口実ができた。このシナリオは過去の中国の海軍紛争の行動パターンにぴったり合う。

（２）対米外交工作＝日本が戦闘を始めたことで、中国はワシントンに危機のエスカレーションにかかわらないよう説得するテコを得た。日本が第一発を撃った責任があるという認識がホワイトハウスに同盟国を助ける積極的な対策をとることを思いとどまらせた。そのような決定は米政権が危機とは関係のない理由で介入を控えるとするなら大いにあり得るのだ。

（3）日米同盟にくさび＝中国軍は那覇空港を攻撃する一方で米軍嘉手納空軍基地は無傷のままにする。限定された攻撃は日本を外交的に孤立させ、（軍事的にも）南西諸島と、東シナ海の相当な部分の制空権を制約する。シナリオには書いていないが、中国の党・政府機関は日米の世論に政治戦争キャンペーンを張り、日米同盟内に不協和音の種をまくだろう[37]。

著者（ヨシハラ氏）はこの研究の主要テーマとして、アジアの海洋で地域軍事バランスが重要であることを挙げた。インド太平洋において米中間の軍事競争が最も重要だとしても、局地的バランスの評価を除外すべきでない。それが地域の安全保障動向、中国の相対的位置、同盟戦略への意味を理解するために必要不可欠だからだ、と言う。そして海軍バランスの評価は、平時、戦時を問わず、米国と他国の海軍の潜在的な貢献を合わせたものでなければ不完全だとする。（同盟国による）連合戦争は米国が今なお中国に対して有利である数少ない分野だとして同盟国間の統合作戦能力の重要性を強調している[38]。

3　中国に三つの弱点

ヨシハラ氏は翌年、中国人民解放軍（ＰＬＡ）がこの先10年間で西太平洋を越えて限定的な戦争を含め広範囲な任務を遂行するのに有利な位置に付けうると評価する一方、軍事的な拡大には三つの弱点があるとの論文も発表している[39]。

（1）伝統的な大陸国家であるとともに海洋国でもある中国は「2正面のジレンマ」に直面する。世界展開のための海洋指向は大陸正面の平和維持が前提である。過去30年間のロシアとの友好関係によって海洋進出に向かうことができた。中印紛争は海洋へ伸長する時に内陸部の緊張を処理できるかどうかのテストケースになる。（中国がウクライナ戦争でロシアとの連携を強化する一方で、インドの日米豪とのクアッドへの参加が重要な意味を持つ＝鍋嶋注）。

（2）有事に対する多様な戦力構成維持の必要がある。中国大陸周辺、西太平洋そして世界の海洋での脅威対応の必要性。台湾、尖閣、スプラトリー諸島（南シナ海）などの紛争地域に配置する戦術戦闘機や短距離ミサイルは世界的任務に転換できない。

（3）世界的な軍事態勢を獲得する上で海外の補給インフラの重大なギャップを埋めなければならない。海外遠征作戦のため海外に基地や補給取り決めのネットワークを作る必要がある。

中国は東アフリカのジブチに初の海外軍事基地を設けた。「債務の罠」と称されているスリランカ・ハンバントタ港の99年間使用契約や、南太平洋ソロモン諸島との安全保障協定締結の動きなどはこのような軍事的な要請に基づいた戦略的な動きであろう。太平洋島嶼諸国に台湾との断交を強力に働き掛け、アジア、アフリカを中心に「一帯一路」による経済的結び付きを強化しているのも、中国版の「インド太平洋戦略」を支える外交活動にほかならない。

(1) 防衛省・自衛隊　令和3年版『防衛白書 日本の防衛』(2021年8月31日)。ISBN978-4-86579-279-9　C3031, 1-2

(2) 外務省HP「日本の領土をめぐる情勢」、平成28年(2016年)4月13日。https://www.mofa.go.jp/mofaj/area/senkaku/qa_1010.html
海上保安庁編「海上保安レポート2020」、2020年5月　特集「海上保安庁新時代」の特集2「最前線の今」。https://www.kaiho.mlit.go.jp/info/books/report2020/html/tokushu/toku_2.html

(3) 外務省HP「日本の領土をめぐる情勢」、令和3年(2021年)7月14日　「尖閣諸島周辺海域における中国海警局に所属する船舶等の動向と我が国の対処」。https://www.mofa.go.jp/mofaj/area/page24_000162.html

(4) NHK NEWS WEB「中国海軍の艦艇　海警局の船に転用のため10隻余を大規模改修か」2022年2月1日 https://www3.nhk.or.jp/news/html/20220201/K10013460371000.html

(5) 海上保安庁「海上保安レポート2020, 2022」。海上保安庁「海上保安能力強化について」(海上保安能力強化に関する方針＝関係閣僚会議決定＝2022年12月16日)。https://www.kantei.go.jp/jp/singi/kaihotaisei/no-ryoku/dai1/siryou.pdf

(6) 産経新聞、2020年9月8日付朝刊。

(7) 吉田茂『回想十年　第一巻』、東京白川書院、昭和57年刊。ISBN4-88576-012-7 C0331、179-182.　吉田はこの中で、問題となった造船利子補給法改正と海運業者からの政治献金が結びつけられて「収賄と見なされ、献金収受の責任者たる党の幹事長が逮捕されるという……その道理が納得できなかった」、「逮捕収監が必要だとする検察当局の説明には、何とも承服できなかった」と、検察の捜査に憤懣をぶつけている。

（8）産経新聞、２０２１年10月2日付朝刊。

（9）『防衛白書』、32. 第一列島線は中国軍の戦略上の概念で、台湾攻略作戦で制海権を握る海域を示す。九州を起点に沖縄－台湾－フィリピン－ボルネオ島に至る。第二列島線は「第一」の外側、太平洋に張り出して伊豆諸島から小笠原諸島－グアム－サイパン－パプア・ニューギニアに至る。いずれも日本を起点とする対米軍事戦略の基線として「台湾有事」の際、米軍の来援を阻止するラインになる。空母「遼寧」が２０１６年末に東シナ海から太平洋に進出、２０２０年には台湾南のバシー海峡を通過して南シナ海に展開。２０２１年４月に太平洋上で艦載戦闘機の発着艦が確認されるなど、遠方への戦力投射能力の向上を示した。

（10）令和３年版『防衛白書』、33.

（11）日本経済新聞２０２１年10月29日付朝刊。

（12）六中全会コミュニケ全文。日本経済新聞２０２１年11月12日付朝刊。

（13）White House Statement.https://www.whitehouse.gov/briefing-room/statements-releases/2021/11/16/readout-of-president-bidens-vertual-meeting-with-president-xi-jing-ping-of-the-peoples-republic-of-china

（14）趙立堅中国外務省報道官記者会見２０２１年11月16日。https://www.fmprc.gov.cn/mfa-eng/xwfw-665399/s2510_665401/2511_665403/202111/t20211116_10448981.html

（15）Department of State Telegram, https://www.ait.org.tw/wp-content/uploads/sites/269/state-cable-of-1982-08-17-200235-1.pdf 「六つの保証」は（１）台湾への武器売却終了の日時設定に合意していない、（２）武器売却に関して中国（PRC）との協議に合意していない、（３）台北と北京の間の仲介役を務めない、（４）台湾関係法の改正に合意していない、（５）台湾の主権に関する立場を変更していない、（６）中国との交渉開始の圧力を台湾にかけない。

（16）台湾週報２０２０年９月１日、「米国が『六つの保証』の内容公開で台湾を支持、外交部が感謝」。https://www.roc-taiwan.org/jp_ja/post/73577.html

（17）中国外務省発表文。https://www.fmprc.gov.cn/mfa_eng/zxxx_662805/202211/t20221114_10974686.html

（18）Executive Summary and Recommendations.2021 Report to Congress of the U.S.-China Economic and Security Commission. 22-23, 32-33. https://www.uscc.gov/sites/default/files/2021-11/2021_Executive_Summary.pdf

(19) United States Department of State, *Limits in the Seas, N0.150 People's Republic of China: Maritime Claims in the South China Sea. January 12, 2022,* 1-2, 30-32.

(20) 中国外務省汪文斌（おう・ぶんひん）報道官記者会見。Foreign Ministry Spokesperson Wang Wenbin's Regular Press Conference on January 13, 2022, https://www.fmprc.gov.cn/mfa_eng/xwfw_665399/s2510_665401/2511_665403_202201/t20220113_10495243.html

(21) 『防衛白書』、38.

(22) 防衛研究所編『東アジア戦略概観2021』（２０２１年４月１日）。ISBN978-4-924914-68-1 C3031, 120, 123

(23) 中国外務省汪文斌（おう・ぶんひん）報道官定例記者会見。Foreign Ministry Spokesperson Wang Wenbin's Regular Press Conference on January 7, 2022, https://www.fmprc.cn/mfa_eng/xwfw_665399/s2510_665401/2511_665403/202201/t20220107_10480006.html

(24) Secretary Blinken's Remarks on a Free and Open Indo-Pacific, Office of the *Spokesperson,* Department of State. December 13, 2021, https://www.state.gov/fact-sheet-secretary-blinkens-remarks-on-a-free-and-open-indo-pacific/
THE WHITE HOUSE, *INDO-PACIFIC STRATEGY OF THE UNITED STATES,* February 11, 2022, https://www.whitehouse.gov/wp-content/uploads/2022/02/U.S.-Indo-Pacific-Strategy.pdf

(25) Sebastian Strangio,"Assessing Antony Blinken's Jakarta Speech on the Indo-Pacific", *THE DIPLOMAT,* December 14, 2021, https://www.thediplomat.com/2021/12/assessing-antony-blinkens-jakarta-speech-on-the-indo-pacific/ Sebastian Strangio is Southeast Asia Editor at The Diplomat.（THE DIPLOMAT）

(26) Danny Russel and Wendy Cutler, "Biden's Asia Policy, 1 Year In", *THE DILOMAT,* January 20, 2022, https://www.thediplomat.com/2022/01/bidens-asia-policy-1-year-in/

(27) TICAD Ⅵ開会に当たって・安倍晋三内閣総理大臣基調演説（２０１６年８月27日、ケニア・ナイロビ、ケニヤッタ国際会議場）。https://www.mofa.go.jp/mofaj/afr/af2/page4_002268.html

(28) ２０１７外交青書。特集「自由で開かれたインド太平洋戦略」。https://www.mofa.go.jp/mofaj/gaiko/blue-

book/2017/html/chapter1_02html#T003

（29）２０１９外交青書。特集「『自由で開かれたインド太平洋』の実現のために」。https://www.mofa.go.jp/mofaj/gaiko/bluebook/2019/html/chapter1_00_02.html#T001

（30）ＮＨＫ特集「自由で開かれたインド太平洋誕生秘話」２０２１年６月30日放送（インタビュアー：政治部・山本雄太郎記者）。https://www.nhk.or.jp/politics/articles/feature/62725.html?utm_int=detail_contents_news-link_00/

（31）*MILITARY AND SECURITY DEVELOPMENTS INVOLVING THE PEOPLE'S REPUBLIC OF CHINA, ANNUAL REPORT TO THE CONGRESS*. Office of the Secretary of Defense. November 3, 2021, Ⅲ-Ⅷ.
https://www.defense.gov/News/Releases/Article/2831819/dod-releases-2021-report-on-military-and-security-developments-involving-the-peoples-republic-of-china/ *2022 CHINA MILITARY REPORT*, U.S. Department of Defense. https://www.defense.gov/2022/Nov/29/2003122280/-1/-1/1/2022-CHINA-MILITARY-POWER-REPORT.PDF
第一列島線、第二列島線は本章注（９）参照。

（32）防衛省防衛研究所・杉浦康之『中国安全保障レポート２０２２　統合作戦能力の深化を目指す中国人民解放軍』２０２１年11月26日公表。（以下『中安レ2022』）、10-11.　https://www.nids.mod.go.jp/publication/chinareport/pdf/china_report_JP_web_2022_A01.pdf

（33）『中安レ2022』、20-24.

（34）『中安レ2022』、83-84.

（35）『防衛白書』、20.

（36）Toshi Yoshihara, *DRAGON AGAINST THE SUN: CHINESE VIEWS OF JAPANESE SEA POWER*, Center for Strategic and Budgetary Assessments. May 19, 2020 https://www.csbaonline.org/research/publications/dragon-against-the-sun-chinese-views-of-japanese-sea-power. i - ii.

（37）ibid., 71-73.

（38）ibid., 93-94.

(39) Toshi Yoshihara, Jack Bianchi, *SEIZING ON WEAKNESS, ALLIED STRATEGY FOR COMPETING WITH CHINA'S GLOBALIZING MILITARY*, Center for Strategic and Budgetary Assessments. January 4, 2021,https://www.csbaonline.org/uploads/documents/CSBA8239_(Seizing_on_Weakness_Report)_Web.pdf. i - vi.

第6章　高まるアジアの緊張（その二）
―朝鮮半島の核・ミサイル危機―

第1節　北朝鮮の国家戦略「金体制の維持」

1　兵器開発急ピッチ

朝鮮民主主義人民共和国（北朝鮮）による30年来の核危機は21世紀に入ると大型化、多弾頭化など兵器開発が急ピッチで進められ、核運搬手段である弾道ミサイルの長射程化、誘導技術の発展など米国本土を射程に収めるほど軍事的脅威が強まった。日本にとって重大な事実は、北朝鮮が既に核兵器を搭載した弾道ミサイルによる対日攻撃能力を保有、実戦配備しているということである。北朝鮮は2006年以降、地下核実験を6回実施、2017年には米国本土に到達しうる初の大陸間弾道弾（ICBM）の発射実験とICBM搭載用の「水素爆弾」の実験を行ったことを公表した。

北朝鮮の国家安全保障戦略について、米国の国防情報局（DIA）は2021年10月、「北朝鮮の軍事力」と題する報告書で、（1）金正恩（キム・ジョンウン）朝鮮労働党委員長（後に総書記に変更）の体制を長期にわたって保証すること、（2）朝鮮半島への支配的な影響力行使の能力を保持することの2点を挙げている。金日成、金正日以降も続く「金一族による支配体制を永続させること、そのための手段が核兵器であり弾道ミサイルの開発であった。それによって外国からの攻撃を抑止できると信じている」と明記した。この戦略目標を達成するために核兵器と弾道ミサイルの開発に集中してきたのだ(1)。

ウクライナは1994年、旧ソ連時代に保有していた核兵器を放棄する代わりに主権と領土の保全を保証した米英露による「ブダペスト覚書」で国土を守られるはずだった。しかしロシアのプーチン大統領は平然とこの国際合意を無視してウクライナ侵略戦争を始めた。ソ連崩壊後にバルト3国やポーランドなど東欧諸国14ヶ国が雪崩を打って北大西洋条約機構（NATO）に加盟、核の傘を含む西側の集団安全保障体制下に入った。金委員長は「核兵器さえあればウクライナは攻め込まれなかった」との思いを強くしたに違いない。また欧米の圧力で核開発計画を放棄したリビアのカダフィ大佐が2011年、内戦中に反カダフィ派に殺害されたが、北朝鮮は核放棄がカダフィ体制崩壊につながったと考えたとしても不思議ではない。

2　「分水嶺」は2017年

北朝鮮の核兵器開発の歴史は長い。1950年代に旧ソ連の協力で核研究を開始、67年に最初の研究用原子炉が始動、86年には寧辺（ヨンビョン）の5メガワット原子炉が始動した。年間6キログラムのプルトニウム生産能力があったとされる。しかし、92年にはプルトニウム生産の疑惑が表面化、米国との「枠組合意」（Agreed Framework）でプルトニウム計画の凍結と廃棄を約束した。しかし、10年後の2002年には秘密の濃縮ウラン製造計画が発覚して米朝が対立、「合意」は破棄された。2006年に地下核実験を開始、2017年までに6回実施した。17年9月の実験について北朝鮮は「ICBM搭載用の『水素爆弾』」と主張した(2)。米国が広島と長崎を攻撃した原爆の実験から太平洋ビキニ環礁での水爆実験（日本のマグロ漁船・第五福竜丸が被爆した）まで10年弱を要したが、北朝鮮の「水爆」が事実とすれば、経済力、技術力や軍事資源から見て米国とは比較できないほど小国の北朝鮮がほぼ同じ期間で達成したことは、世界的に核開発の技術が発展したとはいえ驚異的と言わざるを得ない。2017年は北朝鮮の核・ミサイル開発にとって「分水嶺」になったとみてよいだろう。

北朝鮮が核開発を「体制維持のうえでの不可欠な抑止力」として推進しているとの見方で日米の防衛当局は一致している。令和3年（2021年）版防衛白書は、2018年6月の米朝首脳（トランプ・金）会談で金正恩委員長が朝鮮半島の完全な非核化に向けた意思を表明したが、これも「核保有を前提とした主張」と考えられると指摘した。実際に北朝鮮は国際社会に対して「核保有国」としての地位を繰り返し主張しており、2019年12月の朝鮮労働党中央委員会総会で金委員長は、米国が敵視政策を追求するなら朝鮮半島の非核化は永久にないであろうと述べるなど、一方的な非核化には応じない旨繰り返し主張している(3)。

3　核ドクトリンに「第二の使命」

ロシアによるウクライナ侵略が始まって2ヶ月後の2022年4月25日に金委員長は朝鮮人民革命軍創建90周年記念パレードに白の元帥服をまとって現れ、演説で核戦力を質量共に強化する決意を表した。この中で米国の戦略国際問題研究所（CSIS）の専門家が注目したのが北朝鮮の核ドクトリンの変化であった。金委員長は演説で「われわれの核兵器は戦争抑止という単一の使命に限定されず」、外部勢力が北朝鮮の「基本的利益」を侵害するなら、核戦力は「予期しない第二の使命」に使用されうると述べたとされる(4)。戦争に際して核による報復力を持つことで相手（米国）からの核攻撃を抑止するという側面にとどまらず、先制攻撃にも核を使用することがあり得るという「核威嚇」を示唆するものだ。これはロシアのプーチン大統領が核保有国として初めて「核の使用」をちらつかせてウクライナを支援する米欧を威嚇、けん制したことを倣ったとも考えられる。「核使用の敷居」を低くしたと言え国際安全保障上の影響は大きい。欧州のみならず東アジアにおいても抑止力の考え方に影響を及ぼすことになろう。今後の日本の防衛力強化に考慮しておかねばならない要素だ。

4　核と一体のミサイル開発

北朝鮮は2022年に入ってミサイルの発射を急ピッチで進めた。5月25日には「火星17」と推定されるICBMを含む3発を発射、巡航ミサイルを含め16回目の発射だが、これは過去の年間記録を上回る。ウクライナ戦争や5月の韓国の保守新政権の発足、米韓、日米首脳会談など日米韓連携の動きと連動する反応とみられた。米国は同26日に2017年以来となる対北朝鮮の制裁強化決議案を国連安保理に提出したが、常任理事国の中国とロシアが拒否権を発動し葬られた。安保理は2006年以降、制裁決議を10回全会一致で採択したが、拒否権行使は初めてだ。ウクライナ情勢と合わせるように東アジアでも中露の対米共同戦線が北朝鮮を含めた連携としてはっきりと現れた。これは日米韓にとって見逃すことができない新たな情勢である。北朝鮮は23年4月13日、7月12日にも迅速な発射で奇襲能力が高い固体燃料式の新型ICBM「火星18」の発射実験に成功した。

北朝鮮の弾道ミサイル開発の特徴は、（1）15000kmという米国全土に到達できるICBMなど長射程化、（2）奇襲攻撃能力の向上、（3）ミサイル防衛（MD）網の突破能力などを企図していることだ。長射程化は既に2017年に「火星15」型ICBMで実証したと主張。奇襲攻撃能力の向上のため、発射台付き車両（TEL）や潜水艦、鉄道などから「いつでも、どこからでも」正確に連続的な発射を可能にする。他国のミサイル防衛網を突破するため、高高度で打ち上げる「ロフテッド軌道」や低高度で変則的な軌道を飛翔、あるいは極超音速ミサイルなど早期探知や迎撃が困難な弾道ミサイルの開発を進めた。北朝鮮は既に弾道ミサイル700～1000発、核弾頭を40～50発保有しているとの指摘がある。

5 「差し迫った脅威」

日本にとって重大な事実は「核兵器の小型化・弾頭化を実現して、これを（ノドンやスカッドなどの）弾道ミサイルに搭載して、わが国を攻撃する能力を既に保有」しており、「北朝鮮のこうした軍事動向はわが国の安全に対する重大かつ差し迫った脅威」(5)になっていることである。日本政府が2022年12月に決定した「国家安全保障戦略」では、北朝鮮によるミサイル能力の急速な進展および核戦力を質的、量的に最大級のスピードで強化する方針が「わが国の安全保障にとって従前よりも一層、重大かつ差し迫った脅威となっている」との表現を使って、より切迫した危機感を露わにした(6)。

日本と北朝鮮の関係は、小泉純一郎首相による電撃的な訪朝、金正日（キム・ジョンイル）国防委員長との首脳会談で国交正常化に向けた「日朝平壌宣言」（2002年9月17日）を発表、正常化に向けた基本原則、経済協力、核・ミサイルを含む安全保障問題の解決などへの筋道が公になった。日本人拉致被害者の一部の帰国も実現した。しかし、その後拉致被害者全員の帰国への動きは20年以上も止まったままだ。解決に踏み切れるのは北朝鮮では金正恩氏だけだ。焦りは禁物だが、解決には日朝双方の高度の政治手腕が必要であろう。

第2節　米国の対北朝鮮戦略

1　核使用は「金体制の終わり」

米国は「2022年国防戦略（NDS）」に付随する「2022年核態勢レビュー（NPR）」で対北朝鮮戦略の基本を明らかにしている。それは「北朝鮮の核、化学、ミサイルおよび通常兵器による脅威」を認め、「特に核兵器の使用がもたらす悲惨な結果を金体制に明確にする必要性」を強調した上で、「北朝鮮による米国や同盟国、同志国に対するいかなる核攻撃も体制の終末に帰着する」と述べ、「金体制が核兵器を使用して生き延びるというシナリオはない」と断言して北朝鮮に最も強い警告を発したのであった。核兵器以外の奇襲攻撃に対しても「米国の核兵器が役割を果たす」としており、通常兵器による戦略的な攻撃に対しても核兵器による報復の選択肢を持つことを明確にした(7)。

バイデン政権の文書が示しているのは、米国が、（1）北朝鮮の核保有を米戦略の前提として受け入れざるを得ないという判断に至った、（2）戦略の眼目を「核廃棄」から「核兵器の不使用」に移すということである。それは北朝鮮の核・ミサイル開発が既に米本土に到達するICBMの配備へ進展し、搭載する核爆弾も戦略兵器から戦術兵器に至るまで多様化を実現する技術的発展を遂げた厳しい現実を突き付けられたからにほかならない。米国内には「枠組合意」破綻以降の交渉についてさまざまな議論がなされてきたが、結局は繰り返し論じられてきた核開発の現実を認める「核凍結論」に収斂したということであろう。その上での核兵器の「廃棄」でなく「不使用」の圧力であり、そのため米国がとる同盟戦略の主軸が「拡大抑止」ということである。

2　拡大抑止の強化目指す

米国のアジア戦略は単に対北朝鮮だけではない。インド太平洋地域における「強力で信頼しうる核抑止力」の文脈で取り上げられるのは、北朝鮮のほか中国やロシアによる核・ミサイル軍拡の懸念が強まっているからだ。中国については特に「絶えず迫ってくる挑戦（the pacing challenge）」（ロイド・オースティン国防長官）と規定した。米戦略の基本は同盟国間の拡大抑止の強化であり対象は日本、韓国、オーストラリアという三つの同盟国である。米国は核紛争阻止のため戦略爆撃機、核・非核両用戦闘機やミサイルを含め核兵器の前進配置を含む「柔軟な核戦力」を配置し続ける。米国の決意と関与を示すため、弾道ミサイル潜水艦の寄港や戦略爆撃機の飛行を含む戦略兵器を目に見える機会を増やす。「核、非核の抑止力を同調させたより強力な戦力統合」が重要な目標であり、米国の核抑止力を支えるための同盟国や同志国による非核戦力をテコとする。つまり、米国の核と日韓豪の非核戦力の統合を求めているのだ。拡大抑止の協力体制強化のため米日韓の３ヶ国、さらに豪州を加えた４ヶ国による情報共有と対話を重要な目標とする[8]。韓国の尹錫悦（ユン・ソンニョル）政権発足（２０２２年5月10日）に伴って日米韓をつなぐ拡大抑止戦略が大きく前進した。その具体例が米韓首脳会談（２０２３年４月26日）による「ワシントン宣言」である（後述）。

３　ミサイル防衛は拡大抑止の要

上記ＮＤＳの「２０２２年ミサイル防衛レビュー（ＭＤＲ）」では、北朝鮮の「ほとんどの弾道ミサイルは核弾頭を装備する能力があると判断される」と評価し、「ミサイル計画の規模、複雑化を進める意図を公表している」と警戒を強めている。米国はミサイル防衛を「本土防衛と対米攻撃抑止という最優先課題に必要不可欠」と最重要視する。統合抑止の枠組の中ではミサイル防衛と核戦力は相互補完的で切り離せない要素であると位置付けた。

ミサイル防衛は米国への攻撃を思いとどまらせるという抑止戦略に直接貢献するだけではない。「米国の同盟国・同志国や在外米軍にとっても拡大抑止に役立つ」として、インド太平洋地域においてますます強まる中国や北朝鮮の脅威に対して日本、韓国、オーストラリアの同盟国との強力なミサイル防衛協力は「集団的な地域の抑止力、防衛努力を強化する」と強い期待を示している(9)。特に北朝鮮の脅威に直面する韓国、日本、両国に駐留する米軍とその基地の防衛のための装備の近代化と拡充を指向していることは明らかである。この観点からも、韓国に暫定配備されたものの文在寅(ムン・ジェイン)前政権の当時、中国の強い圧力で米軍の「ターミナル高高度地域防衛(THAAD)」の追加配備をしないなどの制限を認めた「中韓合意」の尹政権による見直しが大きな課題だ。

第3節　日韓関係悪化と日米韓安保の強化

1　条約無視の文政権

北朝鮮の軍事的脅威に対して米韓、日米の同盟関係に加えて日韓の安全保障上の協力が欠かせない。しかし、日韓関係は北朝鮮との南北関係を最重要視した対北融和派の革新系・文在寅政権の下で極度に悪化した。直接の原因は韓国大法院(最高裁判所)による旧朝鮮半島出身労働者(元徴用工)への慰謝料支払い判決(2018年10月30日)である。その根底には日韓国交正常化の日韓基本関係条約(1965年)に合わせて結ばれた日韓請求権・経済協力協定に基づき両国間の請求権の相互放棄が「完全かつ最終的に解決された」とする国際条約を無視した文政権の違法行為がある。

日韓間には朴槿恵（パク・クネ）政権当時の２０１６年に日韓間で共有されるべき秘密軍事情報を保護するための「軍事情報包括保護協定（General Security of Military Information Agreement（ＧＳＯＭＩＡ＝ジーソミア）」が締結されていた。ところが、上記判決をきっかけに関係悪化は安全保障協力に及んだ。18年10月に韓国主催の国際観艦式に海上自衛隊の護衛艦が自衛艦旗（旭日旗）を掲げないよう韓国が要求したため日本は参加を取りやめた。10年、20年前にはこのようなことはなかった。さらに同年12月には能登半島沖の日本の排他的経済水域（ＥＥＺ）内で飛行中の海上自衛隊のＰ１哨戒機に対し、攻撃に先立って使用する火器管制レーダーが韓国軍艦から照射される事件が起きた。これは敵対行動である。翌19年日本政府が対韓輸出管理について安全保障上の懸念から運用を見直し、いわゆるホワイト国リストから韓国を除外したことに韓国が反発、大統領府はＧＳＯＭＩＡの1年ごとの更新の期限を前に「終了」を発表した。これは北朝鮮の軍事的脅威が増す最中に日米韓3カ国間の機密軍事情報交換の枠組が解消されることを意味した。

日韓ＧＳＯＭＩＡは2国間協定だが、「日米同盟と米韓同盟、日韓協力から成る日米韓3国の北朝鮮の脅威を対象とした安全保障協力体制強化の象徴」[10]であった。衝撃を受けた米国は高官が相次いで「失望」を表明した。外交用語で極めて強い不満の表現である。米国が韓国説得に乗り出し同年11月の日米韓防衛相会談で3ヶ国の安保協力の重要性を確認。その5日後、韓国政府はＧＳＯＭＩＡ失効6時間前に電撃的に終了通告の「効力停止」を表明した。しかし、文政権下では終了通告の撤回はしなかった。米国の強い圧力で事態はひとまず収まったが、日韓関係の悪化が日米韓による安全保障体制に危機をもたらしたことは将来に不安を残した。

2　米中間で揺れた文政権と「三不」政策

韓国は対日関係が国交正常化以来最悪の状態に陥る中で、同盟関係にある米国と、最大の貿易相手の中国との間で揺れ動いた。朴政権は2013年、中国の習政権との間で「戦略的協力同伴者関係」の構築をうたった。2016年に在韓米軍へのTHAADミサイル防衛システムの配備を受け入れたのに対し、中国が「強烈な断固とした反対」を表明、経済的報復に出た。次の文政権は2017年10月、韓中関係改善協議の結果として、（1）THAADの追加配備をしない、（2）米国のミサイル防衛に参加しない、（3）日米韓協力を「同盟」に発展させない－という「三不」政策に合意した。その意味について日本の軍事専門家は、「三不」は「中国にとってのレッドライン（越えてはならない一線）で、韓国が不利益を被りたくなければこれを越えてはならないという中国の主張を韓国側が受け入れたものともいえる」とみている[11]。しかも、2019年に行われた2回の中韓首脳会談ではいずれもTHAADが取り上げられ、中国の国防白書には「THAADがアジア太平洋の戦略バランスを深刻に破壊する」と書き込まれた[12]。

「三不」政策の意味するところは、第一に中国が米韓同盟関係に介入し、その防衛体制の強化を阻止したこと。それは韓国の手足を縛ることで朝鮮半島有事の際、軍事的選択肢を狭めることを意味した。第二に中国の対韓国経済制裁が有効であったことが立証されたこと。尖閣沖での中国漁船衝突事件における中国側の対日希少金属（レアアース）禁輸と同じ経済圧力行使である。第三に日米韓の軍事協力を強化させないなど第三国を巻き込んだ干渉に出たことである。米中対立が深まる中、韓国政府が軍事同盟である米韓関係よりも中国の習近平政権との関係を重視したことは朝鮮半島、台湾を含めたアジア太平洋情勢全般に影響を及ぼさないわけにはいかない。文政権下での日韓ＧＳＯＭＩＡ破棄の動きは米中、中韓関係と無関係ではない。日本は同盟関係に隙あれば楔（くさび）を打ち込む中国のしたたかな外交術を前提に対処しなければならないのだ。

３　日韓正常化に踏み切った尹政権

韓国は保守系の尹錫悦政権下で対米関係の改善に乗り出した。しかし、対日関係では国内の強い反日世論が正常化の厚い壁となってきた。米中間を揺れ動く韓国が真に日米韓３ヶ国の安保協調体制を取れるかどうかがまず尹政権の課題となった。北朝鮮による弾道ミサイル発射が２０２１年９月以降著しく増加する中、米国の動きは早かった。バイデン大統領は日本訪問に先立って訪韓して尹大統領と首脳会談を開き、共同声明（2022年5月21日）で安全保障、経済、価値観などでの「日米韓3カ国協力の重要性」を確認、台湾海峡の平和と安定維持の重要性も明確にした(13)。5月23日の日米首脳会談で日米韓協力の「決定的な重要性を強調」(14)したが、その2日後に北朝鮮はICBM「火星17」を含む弾道ミサイル3発を発射した。

国連安保理は米国などの対北朝鮮制裁強化決議案を中露が拒否権を発動して初めて否決に追い込んだ。これまでも中露は安保理制裁決議違反になる石油製品の洋上での「瀬取り」など制裁に反する動きを見せてきたが、この拒否権発動で北朝鮮の核・ミサイル開発をめぐる中露朝の「反米連合」が形成された。

これを受けた日米韓3カ国の外相共同声明（同28日）で「3カ国の安全保障協力コミットメント」を再確認した(15)。韓国新政権による3ヶ国協力姿勢が明確になったところで、6月にシンガポールで開かれた「シャングリラ安全保障対話」を機に開かれた日米韓防衛相会談の共同声明（6月11日）は北朝鮮の弾道ミサイル発射への対応として、3ヶ国によるミサイル警報、探索、追跡の訓練実施などの具体策にコミットした。インド太平洋地域における情報共有、政策協議、合同訓練などの3カ国協力の深化にも同意した(16)。

6月13日ワシントンで開催の米韓外相会談後の記者会見で韓国の朴振（パク・チン）外相はGSOMIAについて「韓日関係の改善とともに、GSOMIAをできるだけ早急に改善したい。北朝鮮の脅威に対処するためにも、韓日米間の政策調整、情報共有が必要だ。この安全保障協力、情報共有ができるだけ早く正常化することを望む」と明言した[17]。朴外相が「できるだけ早く」を繰り返したのも尹政権発足後わずか1ヶ月間に米国による日韓関係改善への強い要求を受けたことを反映したものであった。

4　首脳シャトル外交の復活

実に12年ぶりとなる尹大統領の訪日による日韓首脳会談（2023年3月16日）は「戦後最悪」と言われた日韓関係の正常化に向けた重要な契機となった。両国首脳が頻繁に相互に訪問する「シャトル外交」の再開で一致。これは5月7日の岸田首相訪韓で実現、関係改善は軌道に乗った。厳しい戦略環境の中で、安全保障対話、次官戦略対話の早期再開、日韓、日米韓の安保協力の推進、さらにサプライチェーンの強靭化や技術流出対策など経済安全保障の協議立ち上げなどに合意した[18]。最大の懸案である元徴用工訴訟問題では、韓国政府が3月6日に韓国の財団が被告の日本企業の賠償金を支出する解決策を発表、これに応える形で日本政府が歴史問題で1998年の日韓共同宣言を含め、歴史認識に関する歴代内閣の立場を全体として引き継いでいることを確認しており、岸田首相が首脳会談でこれに沿って発言した。

両首脳は会談後の記者会見で、韓国側が日本企業に弁済を求める「求償権」については「行使を想定していない」との考えを表明。懸案のＧＳＯＮＭＩＡについては尹大統領が「首脳会談で完全正常化を宣言した」と言明した。岸田首相が「日韓関係の新しい扉を開く」とこじれた日韓関係の打開を歓迎すれば、尹大統領も「不幸な歴史を克服し、新しい関係を切り開く第一歩となった」と成果を強調した[19]。日本政府が２０１９年に文政権下で半導体関連品目の対韓輸出管理を厳格にした措置も緩和、両国間の首脳シャトル外交と局長級政策対話の結果、日本政府は6月27日に輸出手続の優遇措置の対象国となる「グループA（旧ホワイト国）に韓国を再指定する閣議決定をした。

急速な日韓正常化の背景には米国の強い意向があったことは既に指摘した通りである。韓国政府による元徴用工問題の解決策発表と同時にバイデン大統領が「同盟国間協力の画期的な幕開け」「（日米韓）3ヶ国関係の強化を期待する」との声明を発表した[20]。国家安全保障担当のサリバン大統領補佐官も「歴史問題解決で協力強化の扉を開く歴史的打開」と評価、日韓関係の修復に強い期待を表した[21]。米中対立の激化、北朝鮮の核・ミサイル開発の急速な進展に直面して日韓対立が米国のアジア太平洋戦略の重荷になっていたからである。日韓関係の打開はその障害を取り除いた。

5 「ワシントン宣言」で抑止力強化

尹大統領の国賓訪米受け入れと首脳会談（4月26日）もその延長線上にあった。そこで発表された「ワシントン宣言」は「核を含む拡大抑止」強化のため「核協議グループ（ＮＣＧ）」の設置と１９８０年代以来となる核弾道ミサイル搭載の戦略原子力潜水艦の韓国派遣を決めた[22]。原潜の釜山寄港も実現した。北朝鮮の核・ミサイル脅威の増大に対する抑止力の強化を示す一方で、韓国内のある核保有論を抑える意味もある。

「宣言」を受けてバイデン大統領は8月18日、日韓両首脳をワシントン郊外の大統領山荘「キャンプ・デービッド」に招いて首脳会談を開き、中国、北朝鮮の脅威に対する3ヶ国の安全保障協力を「新たな高み」（岸田首相）に引き上げた。主な内容は、（1）日米及び米韓同盟の戦略的連携を強化し、（2）供給網の強靭化、重要・新興技術の協力など経済安全保障の協力を拡大、（3）首脳のほか、外務・防衛、財務の閣僚会談を年に1回は定例化する、などである[23]。ロシアとの連携を強める中朝をにらんだインド太平洋地域の抑止力強化への重要な布石となった。

6　「反日」の克服が鍵

韓国政府の「国家安全保障戦略」（23年6月7日）は北朝鮮の核・ミサイル開発を最大の安保脅威ととらえ韓国、米国、日本との安保協力の強化を戦略の最優先事項にした。第一に「韓米の包括的グローバル戦略同盟の強化」を挙げた。第二に「北朝鮮の挑発に対応して韓米日の安保協力を新たな水準に強化する」こと、第三に「韓日は緊密で重要な隣国」であり韓国が地域とグローバルな問題で「日本との協力強化を目指す」とした(24)。文前政権からの大転換である。しかし、日韓間には竹島不法占拠のほかにもなお懸案がある。海上自衛隊哨戒機に対する火器管制レーダー照射事件について韓国側は否定したままであり、これでは信頼関係に基づいた日韓間の真の安保協力は進まない。さらに元徴用工問題で韓国側が日本企業に弁済を求める「求償権」について、岸田、尹両首脳とも「行使を想定していない」と述べたが、首脳会談の成果は共同声明など文書化されていない。

韓国の大統領の任期は5年で次期大統領が求償権を主張する可能性は否定できない。2015年に朴槿恵政権当時、日韓外相会談で慰安婦問題の「最終的かつ不可逆的」解決に合意したが、文政権が反故にした。合意した当時の外相が岸田氏であったから、韓国に対する不信感は相当強いものがあると考えられる。韓国の歴代政権は保守、革新を問わず「反日」を政権の維持、浮揚に都合のよい道具として使ってきた。革新系の最大野党は福島第一原子力発電所の処理水排出問題を保守政権攻撃の大きな材料として「反日」の世論をあおってきた。韓国政治が政争を外交に利用して、政権交代のたびに国際合意をひっくり返す悪弊を克服しない限り、将来も日韓関係は安定しないだろう。

（1）DEFENSE INTELLIGENCE AGENCY, *NORTH KOREA MILITARY POWER, A GROWING REGION-AL and GLOBAL THREAT*, October 15, 2021, 9. https:www//dia.mil/Portals/110/Documents/News/North_Korea_Military_Power.pdf

（2）Ibid., 21.

（3）防衛省・自衛隊　令和3年版『防衛白書　日本の防衛』（2021年8月31日）。ISBN978-4-86579-27C-9 C3031,60.

（4）Center for Strategic and International Security, Report "The Burgeioning North Korea Missile Threat", by Victor Cha and Katrin Fraser Katz, April 29, 2022. https://www.csis.org/analysis/burgeioning-north-korea-missile-threat

（5）令和4年版『防衛白書』（2022年8月22日）。ISBN978-4-86579-335-2 C3031,78-94. なお、朝鮮労働党第8回党大会で金正恩委員長が示した軍事関連目標としては核兵器の小型・軽量化、戦術兵器化、超大型核弾頭の生産の持続、核先制・報復打撃力の高度化、超音速滑空飛行弾頭の開発、原子力潜水艦と水中発射核戦略兵器の保有、軍事偵察衛星の運用、無人偵察機の開発などがある。

（6）「国家安全保障戦略」（2022年12月16日閣議決定）。9-10. https://www.mod.go.jp/j/approach/agenda/guidline/pdf/security_strategy.pdf

（7）U.S. Department of Defense, 2022 National Defense Strategy of The United States of America, October 27, 2022, https://www.media.defense.gov/2022/Oct/27/2003103845/03845/-1/-1/1/2022-NATIONAL-DEFENSE-STRATEGY-NPR-MDR.PDF2022 Nuclear Posture Review (NPR), 12.

（8）NPR. 15.

（9）2022 National Defense Strategy, 2022 Missile Defense Review (MDR), 3-10.

（10）防衛省防衛研究所編『東アジア戦略概観2020』（2020年4月18日）。80-84.

（11）防衛省防衛研究所編『東アジア戦略概観2021』（2021年3月26日）。92.

（12）『東アジア戦略概観2020』。85-86.

（13）米韓首脳共同声明。THE WHITE HOUSE, United States-Republic of Korea Leaders' Joint Statement. https://

www.whitehouse.gov/briefing-room/statements-releases/2022/05/21/united-states-republic-of-korea-leaders-joint-statement/

（14）日米首脳共同声明「自由で開かれた国際秩序の強化」２０２２年５月23日。https://www.mofa.go.jp/mofaj/files/100134725.pdf

（15）日米韓外相共同声明２０２２年５月28日。https://www.mofa.go.jp/mofaj/files/100350254.pdf

（16）日米韓３カ国防衛相会談共同声明２０２２年６月11日。https://www.defense.gov/News/Releases/Release/Article/3059875/united-states-japan-republic-of-korea-trilateral-ministrial-meeting-tmm-joint-press-statement/

（17）米韓外相会談２０２２年６月13日。https://www.state.gov/secretary-antony-j-blinken-and-republic-of korea-foreign-minister-park-jin-at-a press-availability/

（18）外務省発表「日韓首脳会談」。https://www.mofa.go.jp/mofaj/a_o/na/kr/page1_001529.html

（19）ＮＨＫ 日韓首脳共同記者会見。https://www3.nhk.or.jp/news/html/20230316/k10014010271000.html

（20）Statement from President Joe Biden on Japan-ROK Announcement.
https://www.whitehouse.gov/briefing-room/statements-releases/2023/03/05/statement-from-president-joe-biden-on-japan-rok-announcement/

（21）Readout of National Security Adviser Jake Sullivan's Meeting with National Security Adviser Kim Sung-han of the Republic of Korea.
https://www.whitehouse.gov/briefing-room/statements-releases/2023/03/07/readout-of-national-security-adviser-jake-sullivans-meeting-with-national-security-adviser-kim-sung-han-of-the-reepublic-of-korea/

（22）Full text of Washington Declaration adopted at a summit between South Korean President Yoon Suk Yeol and U.S. President Joe Biden in Washington on Wednesday（April 26,2023）. https://www.en.yna.co.kr/view/AEN20230427001700315

（23）外務省「日米韓首脳会合及びワーキングランチ」https://www.mofa.go.jp/mofaj/a_o/na2/page1_001789.html

（24）The Yoon Suk Yeol Administration's *National Security Strategy*:OFFICE OF NATIONAL SECURITY. June 7, 2023, 36-47.
https://www.mofa.kr/us-en/brd/m_4511/view.do?seq=761766&amp.srchFr=&srch-

To=&srchWord=amp;amp;srchTp=

第Ⅲ部

日本の安全保障戦略

第7章　大丈夫か日本の安保体制

第1節　新・国家安全保障戦略の策定

岸田文雄内閣は2022年12月16日、新たな国家安全保障戦略（以下、「安保戦略」）を閣議決定した。9年ぶりの策定である。この間、中国によるインド太平洋地域を中心にした軍事的進出、尖閣諸島に主権侵害の攻撃的行動のエスカレーション、北朝鮮の核・ミサイル開発など軍事バランスの大きな変化や、ロシアを含め日本を取り巻く脅威の増大に対応する新たな国家戦略がないまま日本の安保・防衛戦略の基本方針が改定されなかったのは政治の重大な責任である。

1　戦後安保政策の「大転換」

「安保戦略」は日本が「戦後最も厳しく複雑な安全保障環境に直面している」とこれまでにない強い表現で情勢認識を表現した。特に2022年2月24日のロシアのウクライナ侵略によって「国際秩序を形作るルールの根幹がいとも簡単に破られた」ことによって、「同様に深刻な事態がインド太平洋、とりわけ東アジアにおいて発生する可能性は排除されない」と危機感を露わにした。中国の軍事力の増大を背景に「インド太平洋地域を中心に歴史的なパワーバランスの変化が生じている」として「力による一方的な現状変更の圧力が高まっている」と警鐘を鳴らした。

日本として国益を守るために、「防衛力の抜本的な強化を始めとして、最悪の事態を見据えた備えを盤石なもの」としなければならず、「力強い外交を展開」するためにも「自分の国を自分で守り抜ける防衛力を持つこと」の必要性を訴え、内外に日本としての国防の意思を明確にした。その上で「安保戦略」に基づく戦略的な指針と施策は「戦後の我が国の安全保障政策を大きく転換するものである」と宣言した(1)。国家安全保障戦略とともに従来の「防衛計画大綱」及び「中期防衛力整備計画」に代わって「国家防衛戦略」と「防衛力整備計画」も決定された。

2013年の前国家安全保障戦略では、日本の安全保障の基本理念として専守防衛、非核三原則を守る基本方針の下、「国際協調主義に基づく積極的平和主義」の立場に7回も言及したが、目指す「わが国の安全及びアジア太平洋地域の平和と安定」は実現できなかった。日本の安全のため「必要な抑止力を強化」をうたったが、中国やロシアの核・ミサイルの脅威には言及しなかった。中国の習近平体制（2012年以降）の下で強まっていた台湾、南シナ海問題など国際秩序への挑戦という基本認識を明確に打ち出す姿勢に欠けていたことは否めない(2)。

2　パワーバランスの変化

世界的な安全保障上の課題として、「安保戦略」は「パワーバランスの変化により、国際社会の統治構造において強力な指導力が失われつつある」として、米国を中心とする西側世界のリーダーシップに陰りが生じたことを認め、そのことが気候変動、感染症、自由貿易、食料、エネルギーなどの国際的課題に対して国際社会が団結しづらくなっている現状を指摘した。第2次大戦後のリベラルな国際秩序が揺らいで日本としての対応の難しさも認めた。

特に日本を取り囲むインド太平洋地域の課題については、「同盟国・同志国と連携し、法の支配に基づく自由で開かれた国際秩序を実現」することが「わが国の安全保障に死活的に重要である」と、日米同盟を軸に自由・民主主義世界の連携・団結の重要さを強調した。中国による尖閣諸島（沖縄県）周辺の領海侵入や領空侵犯を含めて「東シナ海、南シナ海において力による一方的な現状変更の試みを強化し」ていると、東シナ海と南シナ海への脅威を一体のものとして位置付けたのは初めてだ。これは米軍の接近を排除するため中国が設定した第一列島線に沿った動きをとらえたものである。さらに日本海、太平洋での軍事活動の活発化、「ロシアとの戦略的な連携を強化し国際秩序への挑戦を試み」ていることなど、ウクライナ侵略以降の中露両国の連携を国際秩序の変更を目指す戦略的なものと見なしている。

台湾に対して「武力行使の可能性を否定していない」中国が台湾周辺で軍事活動を活発化、「国際社会に急速に懸念が強まっている」。異例の第3期政権を発足させ、権力基盤をさらに固めた習近平国家主席が台湾統一のためには武力行使も辞さない方針を明確にした。中国人民解放軍創建１００周年に当たる２０２７年が「台湾侵攻」の目安とする米国政府当局者の発言が続き、それも早まるとの見方もあって「２０２７年問題」がクローズアップされてきた。

「安保戦略」では中国の対外的な姿勢や軍事動向は「我が国や国際社会の深刻な懸念事項であり、これまでにない最大の戦略的挑戦」と規定した上で、日本としても「総合的な国力と同盟国・同志国との連携により対応する」と基本姿勢を明示した。これは中国の脅威に対するこれまでにない深刻な懸念の表出であり、日本独自では軍事的に対応できない以上、日米同盟の抑止力やオーストラリア、英国など同志国との協力強化が必要という認識を明確に打ち出したものである。

北朝鮮が核戦力を質・量共に「最大限のスピードで強化」しミサイル関連の「技術および運用能力の急速な発展」と合わせて、日本の安全保障にとって「従前よりも一層」「重大かつ差し迫った脅威」となった。僅か4ヶ月前に発表された令和4年版防衛白書に比べ「従前よりも一層」の表現が加えられたことが、首相官邸での切迫感の急激な高まりを示している。

北方領土での軍備強化を続けるロシアは日本周辺の海空域で中国の軍艦との共同航行、爆撃機の共同飛行など軍事的な連携を強化している。ロシアの動向について、欧州の安全保障上「最も重大な直接の脅威」とする一方、インド太平洋地域においても「中国との戦略的連携と相まって強い懸念である」と、地域の安保秩序を揺るがすものとして強い警戒感を示した(3)。

3　安全保障上の目標と戦略的アプローチ

目標の第一は有事や一方的な現状変更の試みの発生を抑止する。第二に経済成長できる国際環境を主体的に確保する。経済構造の自律性、技術の有意性ひいては不可欠性を確保する。第三に同盟国・同志国と連携、国際関係の新たな均衡を、特にインド太平洋地域で実現する。第四に多国間協力を進める。この目標達成のための戦略的アプローチを実施するに当たり、国力の要素として外交力、防衛力、経済力、技術力、情報力の五つを挙げた。

その主な方策として日米同盟の強化のほか、同盟国・同志国との連携強化、ネットワークの重層的な構築を重視する。それが抑止力の強化につながるからである。「自由で開かれたインド太平洋（FOIP）」のビジョンを広げるために、日米韓、日米豪印（Quad）の枠組を活用しつつ、オーストラリア、インド、韓国、東南アジア諸国連合（ASEAN）、欧州諸国、カナダ、北大西洋条約機構（NATO）、欧州連合（EU）などとの安保協力を強化する。具体的には二国間、多国間の共同訓練、情報保護協定、物品役務相互提供協定（ACSA）、部隊の相互訪問のための円滑化協定（RAA）の締結、防衛装備品の共同開発や移転などの取り組みを進める方針を示した。

4　担保は「防衛力の抜本強化」

　このような外交的アプローチを展開した上で、国家安全保障の「最終的な担保」としての防衛力の抜本的強化が「安保戦略」の最大の目標だ。それは繰り返し指摘されているように、ウクライナ侵略のような深刻な事態が「東アジアで発生することは排除されない」と判断したからである。「我が国への侵攻を抑止する上で鍵となるのは、スタンド・オフ防衛能力等を活用した反撃能力である」と明記された。北朝鮮の開発を念頭に、極超音速兵器などのミサイル技術と飽和攻撃など実戦的なミサイル運用能力の飛躍的向上で「わが国へのミサイル攻撃が現実の脅威となっている」との認識に立って、自衛隊が保有するミサイル防衛だけに依拠し続けた場合には「完全に対応することは難しくなりつつある」という危機感が背景にある。

5　反撃能力を明記

　このためミサイル攻撃がされた場合、ミサイル防衛網で防ぎつつ、「更なる攻撃を防ぐために、我が国から有効な反撃を相手に加える能力、すなわち反撃能力を保有する必要がある」と明記した。これまで「敵基地攻撃能力」として、国会の安保審議で野党側から「先制攻撃能力だ」と政権が強い批判を受けてきたものである。戦闘機や爆撃機が中心の攻撃に対しては敵の反撃のため軍事基地を叩くことが必要になる。しかし、海を隔てた日本に対する今日の攻撃の主力は弾道ミサイルである。北朝鮮から発射されたミサイルが日本に到達するまで数分しかかからない。しかも、ミサイル技術の急速な進歩によって極超音速や変速軌道などさまざまなミサイルが登場し、集中的な「飽和攻撃」が当然視される。また地下サイロのほか、鉄道や車台、潜水艦など移動して捕捉しにくい各種の発射装置が開発、実戦配備されている現状からは「敵基地」そのものの概念が曖昧になってきたのだ。

政府は反撃能力について次のように定義した。

「わが国に対する武力攻撃が発生し、その手段として弾道ミサイル等による攻撃が行われた場合、武力行使の三要件に基づき、そのような攻撃を防ぐためにやむを得ない必要最小限度の自衛の措置として、相手の領域においてわが国が有効な反撃を加えることを可能とする、スタンド・オフ防衛能力等を活用した自衛隊の能力をいう。こうした有効な反撃を加える能力を持つことにより、武力攻撃そのものを抑止する」

この反撃能力について政府は1956年2月29日に政府見解として、憲法上「可能である」としたが、「政策判断として保有してこなかった能力」に当たり、2015年の安保関連法制に際して示された武力行使の三要件を満たす場合に行使し得るもので、「専守防衛の考え方を変えるものではない」との見解を示した(4)。弾道ミサイルの技術、運用の急速な発展によって、日本単独の効果的なミサイル発射の探知・防衛は不可能であって宇宙からの監視、情報交換、迎撃など同盟関係に基づいた米国の協力が不可欠であることは言うまでもない。

「安保戦略」は防衛力強化の一環として、「有事の際の防衛大臣による海上保安庁に対する統制を含め、自衛隊と海上保安庁との連携・協力を不断に強化する」ことも盛り込んだ。武力攻撃事態が認定され、自衛隊に防衛出動が発令された場合に海保長官に対する防衛相の指揮がされる。海保は住民避難や捜索・救難、港湾の警戒など後方支援に当たる。政府は2023年4月28日に防衛相による海保の「統制要領」を発表した。統制は自衛隊法上規定されているが、具体的な手続が定められていなかった。海保は非軍事の警察機関としての活動を明記した。しかし、激しい戦闘地域では「非軍事」の線引きが可能かという問題もある。統制が円滑に実施されるよう通信機器の整備や共同訓練など連携の強化を進める必要がある。中国の海警や米国の沿岸警備隊は戦時下では海軍の指揮下に入る。防衛省・自衛隊と海保は通信、輸送の戦術や訓練を含めて具体的な連携作業を急がなければならない。

6　強化の目標は2027年度

「安保戦略」は防衛力の抜本的強化の目標時点を戦略策定の5年後の2027年度とした。前述のように台湾情勢をめぐる「2027年問題」がクローズアップされているからでもある。2027年度までに日本への侵攻が起きる場合に日本が「主たる責任を持って対処」、同盟国（米国）の支援を受けつつ「阻止・排除できるよう防衛力を強化する」。さらに10年後（2032年度）までに「より早期かつ遠方で侵攻を阻止・排除できるようにする」との目標を掲げた[5]。米国の国家安全保障戦略（NSS）が「中国との競争では次の10年間が決定的な期間になるだろう」として、2032年までに米国自身の競争力強化、同盟国との共同歩調を掲げたのと平仄（ひょうそく）を合わせた形である[6]。

「安保戦略」は防衛関連予算の水準を2027年度に国内総生産（GDP）比2％とする目標を掲げた。「2％」はトランプ米政権が北大西洋機構（NATO）諸国の防衛分担が少ないとして強く求めてきたもので、それがロシアのウクライナ侵略戦争で欧州側も応じざるを得なくなったという経緯がある。日本の防衛費とNATO諸国の国防費の算定根拠は異なるが、日本政府は「国際比較のための指標も考慮し」、「防衛力の抜本的強化とそれを補完する取り組み」を併せて2％の目標達成を目指す。海上保安庁の予算を含めるなどでNATO並の水準を対外的に示したい思惑だが、「水増し」で純粋の防衛費と対外的に説明する防衛関連費用の境界が曖昧になり、数字が独り歩きして「軍事大国」の批判を内外に招きかねない。各年度の予算決定に際して政府が明確に説明することが欠かせない。

７　海上保安能力も強化

政府は国家安全保障戦略と同時に「海上保安能力強化に関する方針」も決定した。尖閣諸島周辺海域の中国海警局船の活動の活発化で危機が高まっていることを反映した。「海の国日本」を守るため、新たな安保戦略の一環として巡視船や航空機の増強などのハード面に加え警察、自衛隊・防衛省、外国海上保安機関との連携・協力を強めて能力強化を目指す基本方針で対象となる六つの能力を列記した。

（１）高次的な尖閣領海警備―大型巡視船の整備、情報通信システム強靭化
（２）広域海洋監視―無人機や航空機、ヘリコプターの活用、衛星や人工知能（ＡＩ）活用による情報収集能力強化
（３）大規模・重大事案同時発生への対処―中国海警船の尖閣海域への大量集結、原子力発電所へのテロなど
（４）警察、自衛隊、外国機関との連携・協力強化
（５）海洋権益確保のための海洋調査―測量船の整備、高機能化
（６）強固な業務基盤―人材確保・育成、基地整備、情報通信システムの強靭化、老朽化巡視船・航空機の代替整備

中国は尖閣海域での領海侵犯だけでなく、日本の広大な排他的経済水域（ＥＥＺ）においても同意を

得ない測量調査などを実施して日本の主張を否定する科学論文をいくつも発表して日本の国益を損ねている。日本政府は2016年の海上保安体制強化方針で2022年度末までに巡視船、航空機、測量船の建造を進めた。遠洋航海が可能な1000トン以上の大型巡視船は71隻になったが、これでも中国に大きく水をあけられている（第5章第1節参照）。人員は2022年度末で1万4538人、同年度予算は僅か2231億円であった。

岸田文雄首相は強化方針の決定に当たり「領土、領海、領空を守り抜くことは、最優先の課題です」と述べ、5年後の2027年度までに予算を1000億円増額する方針を明確にした(7)。中国の海警船の急ピッチの勢力増強、大型化、武装化が顕著である現状から見ても予算と人員の手当てが少なすぎる。船や航空機の建造、海上保安官の養成には時間がかかる。尖閣危機は台湾有事に直結する。能力強化のスピードを上げるためにも、予算のさらなる積み上げが欠かせないのである。

第2節 「安保戦略」今後の課題

1 多国間安保戦略への発展

国際安全保障環境の悪化に対応して、日本がとる方策も基軸とする日米同盟中心から2国間、3ヶ国間さらに地域グループ組織との連携など多様な形態に発展してきた。２国間では日本と英国、オーストラリアの間では自衛隊と各軍の共同訓練のための入国手続きを免除する「円滑化協定（ＲＡＡ）」に署名済み。両国とも「防衛装備品・技術移転協定」や「物品役務相互提供協定（ＡＣＳＡ）」が発効している。外務・防衛閣僚会合（２＋２）も機能しており、両国とは「準同盟関係」にあると言ってもよい。

フィリピンとの安保関係も大きく動いた。23年２月６日には南シナ海スプラトリー諸島でフィリピンの沿岸警備隊巡視船が中国海警船からレーザー照射を受け、新たな緊張が高まった。親中国の前ドゥテルテ政権から代わったフェルディナンド・マルコス大統領を東京に迎えて２月９日に開いた日比首脳会談で、円滑化協定への取り決めに署名など防衛協力の強化、フィリピン沿岸警備隊への巡視船の提供など日本の支援による海上法執行能力の強化に合意した。さらに米沿岸警備隊との連携、軍事共同演習など「日米比」防衛協力の促進に合意した(8)。

その一週間前には米比国防相会談で米軍の「巡回駐留」のための活動拠点を４カ所増やして９カ所にすると発表した。５月１日の米比首脳会談（ワシントン）では台湾海峡の安定の重要性や比軍が攻撃された場合の同盟条約発動を確認、米比日、米比豪など３ヶ国による協力の枠組作りを推進することで一致した(9)。中国による南シナ海での現状変更に共同で対処する態勢が強化されつつある。

インド太平洋地域で米国との同盟関係を軸に日米韓、日米豪協力や米英豪（ＡＵＫＵＳ）との連携も強まりつつある。日本は東南アジア諸国連合（ＡＳＥＡＮ）や太平洋島嶼諸国のほか北大西洋条約機構

（NATO）、欧州連合（EU）とも外交関係を強め、インド太平洋から欧州大西洋までを戦略的に結合する行動をさらに活発にする必要がある。それが日本の安全を高める道につながるのである。

2 「安保戦略」5年ごとに改定を

第2次安倍内閣の下で国家安全保障戦略が策定されたのは2013年12月のことだが、岸田内閣による新戦略策定までに9年を要した。この間に世界の安保情勢は激動した。米国のアフガニスタン撤退に伴う世界での影響力低下、米中対立激化、中国の尖閣諸島への主権侵害の常態化、北朝鮮による核・弾道ミサイル開発の急進展、ロシアのウクライナ侵略と極東地域の軍備増強と中露の連携強化など日本の安全保障にかかわる事態が一挙に深刻化した。米国主導の国際秩序が揺らぐ不安が世界に広まり、同盟国に対する米国の核抑止力の信頼性も疑問が呈されるほどになった。

国家戦略は国民の安全を守る国の最高方針であり、情勢の劇的な変化に素早く対応して適時的確に改定されるべきものだ。同盟国の米国は4年ごとの大統領の交代を機に新たな国家安保戦略（National Security Strategy）を発表している。日米同盟を日本の外交・防衛の基軸としている以上、自衛隊と米軍の統合作戦を進めるのに基本となる安全保障戦略にずれがあってはならないのだ。フランスや韓国は大統領任期が5年である。政権の交代で外交、安保政策が大転換するのは韓国の例が示す通りである。

日本の戦後安保政策の「大転換」とした新安保戦略で防衛力強化の第１段階の目標として５年後の２０２７年度を明示、第２段階として10年後（２０３２年度）を目標に据えた。新たな国家安全保障戦略は少なくとも5年を目途に改定するべきである。

３　「国のために戦う」最下位の衝撃

ウクライナのウォロディミル・ゼレンスキー大統領がロシアによる侵略1年に当たって英国ＢＢＣ放送のインタビューで「ロシアが理解出来る言葉は武器だけだ」と語った⑽。核使用の威嚇までするプーチン大統領と戦うのには米欧諸国からの早急な軍事援助が必要だと強調したものだが、もちろん、「国を守る」のは武器だけではなく主体は国民である。軍事的侵略に加えて偽情報など非軍事的手段による国民世論の攪乱も含め21世紀の「戦争」の行方を左右するのは軍備だけではない。ロシアの侵略に軍備では弱いはずのウクライナが1年以上も耐えているのはゼレンスキー大統領をはじめとする国民の強い国防意志があるからだ。いくら外国からの軍事援助があっても、国民の「守る」意志が貫かれなければ国は存立できないことはこれまで世界で数多くの例が示す通りである。

世界77ヶ国を対象にした国際的な「世界価値観調査」が注目を集めた。「戦争になったら進んで自国のために戦うか」との質問に対して、「はい」と答えた人が日本は13・2％で最下位（77位）であった。逆に「いいえ」（戦わない）と否定したのが48・7％で主要国ではスペイン（56・1％）に次いで2位を占めた⑴。これは衝撃的な数字である。

別の設問で「国民が安心して暮らせるよう責任を持つべきは国か個人か」では、日本は「国」と答えたのが76・6％と5位。上位はエジプト、ヨルダン、チュニジアの中東諸国と地中海のギリシャである。「個人の責任」としたのは21・6％である。「安心」には外からの脅威に対して武力で守られることや年金、医療保険などの社会保障も含まれるであろう。しかし、これを国家に求めながら安心な暮らしを決定的に破壊する戦争には国のために身を挺して戦わないという手前勝手な精神構造が映し出されている。

自分と世界との関わりについて、「世界を身近に感じるか」の設問には「身近でない」（70・4％）に対して「身近」（17・6％）と世界への関心度が極めて低いことが示された。自己中心主義が蔓（まん）延しているようである。1967年に「二人のため世界はあるの」という歌が日本レコード大賞を受賞して日本を席巻した。当時、毛沢東の文化大革命が激化、中国は初の水爆実験を行い、中東戦争も始まった。国内でも全学連のデモが警官隊と衝突を繰り返し、「70年安保」に向かって社会が騒然となっていた。

［余談］筆者は当時、大学紛争から新宿騒乱事件まで警視庁詰めの「事件記者」として警備・公安捜査の取材に明け暮れた。睡眠時間3時間も稀ではなかった。民放テレビ番組「事件記者」の舞台となったのは当時の古い警視庁2階にあった新聞・通信社の記者会「七社会」。各社のキャップが麻雀をしながら他社の動きをけん制し合うあの情景が懐かしい。もっともこちら「兵隊」は他社に動きを察知されな

いように動き深夜、キャップへの取材報告、公衆電話からの原稿吹き込み（口述）に明け暮れていた。

70年代から80年代の自己中心的な考え方の世代は「Me generation（ミー世代）」と呼ばれた。その時代の若者にとって「二人は世界のためにある」のではなかった。21世紀も5分の1を過ぎ、日本のあるべき方向として「国際化」が喧伝（けんでん）されてから既に半世紀になろうという今日も、国民の多くは世界に果たす役割に目を開くことなく自己の殻に閉じこもっているようだ。この調査結果もお互いに関連しているように思える。

4　自治体の非協力で国は守れるか

南西諸島の石垣島（沖縄県石垣市）に２０２３年3月、陸上自衛隊の石垣駐屯地が開設された。奄美大島から沖縄本島－宮古島－与那国島を結ぶ死活的に重要な防衛線の空白地帯がこれで埋まった。石垣市の行政区域に含まれる尖閣諸島や台湾と至近距離の要衝であり、「日本防衛の最前線」（浜田靖一防衛相）として駐屯地の役割は重い。中山義隆市長は南西諸島防衛の重要性から駐屯地設置を受け入れた。

しかし、石垣市議会は２０２２年12月19日、「自ら戦争状態を引き起こすような反撃能力を持つ長射程ミサイルを石垣島に配備することを到底容認することはできない」とする意見書を野党系・中立系議員の多数で可決した(12)。

政府は「安保戦略」に基づき「12式地対艦誘導弾」を配備する。抑止力強化のため射程を200キロから1000キロに伸ばす計画だ。防衛最前線の島嶼部へのミサイル配備や米軍との共同訓練など防衛態勢の強化に当たって地元の理解を深める努力が欠かせない。沖縄県の玉城デニー知事は米軍普天間基地の辺野古への移転計画に対して真っ向から反対の姿勢を崩さない。有事の際には自衛隊と米軍が共同して防衛作戦、さらに住民避難のためにも民間の空港や港湾の使用が不可欠になるだけに、権限を握る自治体との調整はこれからの大きな課題である。

第3節　経済安全保障―新たな分野への挑戦―

1　国家戦略に位置付け

米中対立の深刻化、ロシアのウクライナ侵略による供給網の断絶やエネルギー、食料危機が世界経済を揺るがす事態に直面して日本もようやく「経済安全保障」を国家の安全保障戦略の一環として位置付けた[13]。既に経済安全保障推進法（以下「推進法」）を制定（2022年5月11日）しており、「推進法」の着実な実施を始め、サプライチェーンの強靱化、重要インフラ分野で事前審査制度の対象拡大、データ・情報保護、重要先端技術の開発支援、強制技術移転への対応強化などを課題に挙げた。しかし、情報保全の強化にかかる「セキュリティ・クリアランス（適格性評価）」について「検討」課題に終わっているのは理解しがたいことである。これが制度として確立されない限り米欧諸国特に「ファイブ・アイズ」と呼ばれる米英豪加ニュージーランド5ヶ国で作る機密情報網に参加することはできない。岸田首相が2023年2月14日の経済安保推進会議で「情報保全強化は同盟国・同志国との円滑な協力で重要だ」と1年間を目途に制度設計を検討するよう指示した[14]が、政府各機関や産業界の利害調整には首相の強いリーダーシップがなければ実現できない。

「推進法」は中露の覇権主義的行動を受け、先端技術や産業を国家戦略として守り国民生活の安全を阻害する行為を未然に防ぐのが目的だ。これとは別に自衛隊や在日米軍、海上保安庁などの基地、原子力発電所や空港などの重要施設の周辺地域を「重要施設」に指定して外国資本の不透明な進出を防ぐ重要土地等調査・規制法も施行された（2022年9月20日）。「推進法」は①希少金属など重要物資の安定的な供給確保、②人工知能（AI）、量子など先端技術の開発支援、③情報通信、電力など基幹インフラの事前審査、④技術、核兵器、武器開発につながる特許の非公開制度が4本柱である。

その背景として以下の点が挙げられる。第一に経済資源の輸出規制を武器にした中国やロシアによるリスク顕在化である。2010年の中国漁船による尖閣沖での巡視船への衝突事件で中国人船長逮捕に対して中国政府がレアアース（希土類）の対日輸出停止の「経済制裁」を強行した。2022年の日米欧による対露経済制裁に対してドイツなど欧州関係国へのガス供給の恣意的制限、日本企業が契約してきた「サハリン1及び2」の液化天然ガス（ＬＮＧ）契約の一方的変更の強行など、「逆制裁」を実行してきた。このような産業の存立にかかわる重要物資の供給制限は国家経済、ひいては国際経済への重大な攻撃である。実際にウクライナ戦争によって小麦輸出が滞り、食料やエネルギーの価格急上昇を招き世界経済は大混乱に陥った。

第二に中国が国策の「軍民融合政策（ＭＣＦ）」で先端新興技術の開発を進め、警戒感を強めた米国との技術摩擦が安保上の重大な課題となった（第3章第4節　軍事大国への鍵「技術覇権」を参照）。

第三に供給網の分断や技術力低下が産業力全体の低下を招いた。「産業のコメ」としてデジタル社会を担うインフラである最先端の半導体不足から自動車や家電などの主要産業で減産や生産中止に追い込まれた。企業がコスト削減を目的とした海外生産を拡大したことで国内の産業基盤が弱体化し、輸出競争力の低下から国家の経済成長にもマイナスの影響を与えたのである。半導体の受託生産では世界最大手で技術力トップレベルの台湾積体電路製造（ＴＳＭＣ）が熊本県菊陽町に半導体工場を建設し、日本政府が投資額1兆円の半分の最大４７６０億円を補助する。２０２２年着工、２０２４年内には生産開始の予定である。さらにＴＭＳＣの会長は同県に2カ所目の新工場を建設する意向を示した。台湾危機の緊張が高まる中、半導体生産のリスク軽減という台湾側の意向と世界から10年遅れと言われる日本の半導体技術の回復を兼ねた経済安保の巨大プロジェクトだ。

推進法の意義について村山祐三・同志社大学名誉教授は成立直後に次のように指摘している。①経済安保政策の制度化によって関係省庁が連携して中長期的に取り組める体制が整った、②日本の安全保障確保のため経済的な手段を使えるようにした、③推進法に合わせた国家安全保障会議設置法改正で外交、防衛政策に加えて経済政策が組み入れられたことである(15)。

経済と安全保障を一体としてとらえる法的な枠組が整備されたことは「一歩前進」として評価されるべきである。しかし、積み残された課題もある。機密情報を取り扱う人員を制限する資格制度「セキュリティ・クリアランス（適格性評価）」の導入が見送られたことである。欧米諸国との先端技術協力を円滑に推進するためにも早期の導入が求められる。また、政府の介入と企業活動のバランスの取り方についても世論が分かれる。国の過剰な介入や監視によって「企業を萎縮させることも防がねばならない」経済安保の強化と企業活動の維持を両立させる制度を作り運用すべきだ」（日本経済新聞）と経済界の意向も反映した論調がある一方で、経済活動の自由を前提としつつも、「覇権を追求する中国と経済で深く結びついている日本」の立場から「重要物資を特定の国に委ねるリスクや先端技術が海外で悪用される可能性に目を覆い、経済合理性ばかりを優先させるわけにはいかない」（産経新聞）と安保をより重視する立場もある(16)。

2　日米「経済版2＋2」が主導

日米両政府は2022年7月に「外交・安全保障と経済を一体として議論する枠組」（林芳正外相）として「日米経済政策協議委員会（通称：経済版2＋2）」の閣僚会合を発足させた。これはかねてからある外務・防衛閣僚による日米安全保障協議委員会（2＋2）の「経済版」である。ワシントンでの第1回会合には林外相、萩生田光一経済産業相が、米側からアントニー・ビリンケン国務長官、ジーナ・レモンド商務長官が出席した。その目的は会議後、発出された共同声明のタイトル「経済安全保障とルールに基づく秩序の強化」にそのまま表れている[17]。中国を念頭に経済的威圧や不公正な経済慣行、先端技術やサプライチェーン（供給網）の保護、ロシアのウクライナ侵略を明記して経済やエネルギー、食料の安全保障のため国際的な連携の強化を日米両国が主導する決意を表明したものだ。

共同声明は「経済安全保障やルールに基づく国際経済秩序に対する脅威に対抗する」ことにコミットするとともに、日本の経済安全保障推進法の成立を評価した。具体的には、（1）サプライチェーンの透明性、セキュリティー、持続可能性を促進するための強靱性と多様化、（2）兵器開発に不可欠な技術の不法な転用に対処するため、研究開発・輸出管理を通じた重要先端技術の促進や保護、（3）経済的威圧や不公正で不透明な貸し付け慣行を含む経済的影響力の有害な使用への反対―など国際社会における「日米共同のリーダーシップ」を強調した。

さらに共同声明の付属文書として「行動計画」を発表。（１）バイデン政権の「インド太平洋経済枠組（ＩＰＥＦ）」などを通じインド太平洋地域の協力、安定、発展を強化する、（２）経済的威圧と不公正、不透明な貸付慣行への対抗のため、インフラ投資や債務に係る20ヶ国・地域（Ｇ２０）の原則や共通枠組を含む国際的ルールを守るよう呼び掛け、また公正で透明性のある開発金融促進に協力、（３）重要・先端技術と重要インフラの促進と保護のため共同技術開発を支援、効果的・機動的な輸出管理のため協力を強化、（４）半導体、電池、レアアースを含む重要鉱物資源のサプライチェーンの強靱性の強化―を主要な目標に掲げた。

しかも、これらの重要分野において日米両国間だけでなく、これまで築いてきた日米豪印４ヶ国のＱｕａｄのほか、ＩＰＥＦも活用してアジア、太平洋島嶼国を含む広範なインド太平洋地域全般に網をかけたところに特徴がある。それを日米両国が主導する推進機関が「経済版２＋２」である。ルールに基づく国際経済秩序の形成について日本がさらに大きな責任を負ったのである。

林外相は日米「経済版２＋２」閣僚会合後の記者会見で、（１）日米にとって戦略的に最重要なインド太平洋地域の平和の確保のため、同盟国・同志国間の連携強化、（２）戦略的観点から外交・安全保障と経済一体の議論が不可欠、（３）新たな国家安全保障戦略に経済安全保障を重要課題として位置付ける―ことを強調した[18]。日米双方の共通認識として経済安全保障を同盟戦略の柱に据えたことは日米同盟関係の歴史上画期的なことである。

3　米国ＩＰＥＦ交渉入り

日本との「経済版２＋２」で同盟関係の足固めを確認した米バイデン政権は２０２２年９月９日、中国を念頭に供給網の強靭化などを柱にしたＩＰＥＦ参加14ヶ国の閣僚会合をワシントンで開いて正式な交渉入りを宣言した。米国がＴＰＰ（環太平洋連携協定）から離脱して弱まったインド太平洋地域での影響力の再構築を目指す動きだ。中国を除くインド太平洋、北東アジア、東南アジア、太平洋諸島など広範な地域にまたがる経済圏の形成を目指す。米商務省によると参加国は日本、シンガポール、オーストラリア、ニュージーランド、ベトナム、ブルネイ、マレーシア（以上７ヶ国はＴＰＰ参加国）、韓国、フィリピン、タイ、インドネシア（合計11ヶ国は中国が主導権を狙うＲＣＥＰ＝東アジア包括的経済連携＝にも加盟）、それに米国、インド（ともにＱｕａｄ参加国）及びフィジーである。

米商務省は四つの交渉分野として、（1）デジタル経済の信頼環境構築による貿易、（2）国家安全保障に不可欠な製品の供給網強靭化、（3）脱炭素化によるクリーン経済、（4）腐敗、脱税防止、透明性など公正な経済―を掲げた。米政府は、14ヶ国が世界のＧＤＰ（国内総生産）の40％、世界の財・サービス貿易の28％を占め、「高い水準で包摂的な経済枠組を追求する画期的な出来事である」（ジーナ・レモンド商務長官）、「巨大な経済価値にあふれ、世界のモデルになる」（キャサリン・タイ通商代表）と、その意義を強調した⒆。しかし、インドは貿易交渉の分野に参加せず、一致した取り組みの難しさを露呈した。さらに関税撤廃の分野も交渉の対象にはならず、法的拘束力もなく経済枠組としての限界も示している。貿易、関税の分野で高い水準の枠組を追求してきたＴＰＰの代替にはなり得ない内容にとどまっている。米国がインド太平洋での経済連携で主導権を持とうとするなら日本が説得を続けているように、かつて米国が主導してきたＴＰＰへの復帰こそカギとなるのだ。

4　中国、切り崩しへ素早いけん制

ＩＰＥＦに対して中国は素早く反応した。交渉入り宣言と同時に中国共産党機関紙・人民日報系の環球時報（Global Times）は9月9日付社説で「ＩＰＥＦは『経済協力』に見せかけているが、本質は中国封じ込めの政治的枠組である」と強い警戒感をあらわにした。ワシントンの「真の狙いはアジア太平洋地域を中国から切り離す（decouple）サプライ・チェーン（供給網）と産業網の小さな仲間を作り出すことだ」と断じた。そして「より多くの経済属国と地政学上の手先を作り出すことが隠された米国の悪巧み」であり「アジア太平洋諸国に強い警戒を呼び起こすに違いない」と、地域の国々に働き掛けた。

社説はさらにＩＰＥＦとＲＣＥＰを対比して、「米国はＲＣＥＰの基礎を損ない、この地域自由貿易協定を空洞化させるためにＩＰＥＦを使おうとしている。ＩＰＥＦ参加14ヶ国のうち11ヶ国はＲＣＥＰ加盟国だ。ＲＣＥＰは地域の経済統合を断固として推進してきたが、ＩＰＥＦは単なる抜け殻に過ぎない」とこき下ろした上で、ＴＰＰを引き合いに「米国で政権交代があれば、いつでもひっくり返るのだ」と参加国に対する切り崩し姿勢を鮮明にした[20]。中国は米国が脱退したＴＰＰへの参加も申請しており、ＲＣＥＰを土台に米国抜きの経済秩序をアジア太平洋地域で作り上げようと腐心している。そのためＩＰＥＦ交渉宣言と間髪入れずに国際世論工作に打って出たのだ。経済安全保障は国際的な秩序形成にかかわる決定的に重要な要素になったのである。

（1）国家安全保障戦略（以下「安保戦略」）。２０２２年12月16日閣議決定。https://www.mod.go.jp/approach/agenda/guideline/pdf/security_strategy.pdf. 3-4.
（2）平成25年国家安全保障戦略（２０１３年12月17日閣議決定）。令和２年版日本の防衛－防衛白書－（防衛省２０２０年８月７日）。ISBN978-4-86579-227-0
（3）「安保戦略」7-10.
（4）同、18.
（5）同、19.

（6）THE WHITE HOUSE, *NATIONAL SECURITY STRATEGY OCTOBER 2022*. 23-24. https://www.whitehouse.gov/wp-content/uploads/2022/10/Biden-Harris-Administrations-National-Security-Strategy-10.2022.pdf

（7）海上保安能力強化に関する方針（２０２２年12月16日関係閣僚会議決定）。https://www.kantei.go.jp/singi/kaihotaisei/noryoku/dai1/siryou.pdf

（8）日・フィリピン共同声明（２０２３年2月9日）。https://www.mofa.go.jp/mofaj/files/100457146.pdf

（9）Joint Statement of the Leaders of the United States and the Philippines, May 01 2023.https://www.whitehouse.gov/briefing-room/statements-releases/2023/05/01/joint-statement-of-the-leaders-of-the-united-states-and-the-philippines/

（10）BBC Interview. https://www.bbc.com/news/world-europe-64662184
"Weapons are the only language Russia understands," Mr. Zelensky told the BBC.

（11）第7回「世界価値観調査２０１９」レポート。最大77か国比較から浮かび上がった日本の特徴 Appendix（電通総研・同志社大学による分析）。https://www.institute.dentsu.com/wp-content/uploads/2022/07/「世界価値観調査」Appendix20220727revised.pdf

（12）石垣市議会の長射程ミサイル配備に関する意見書（28号）。２０２２年12月19日。https://www.city.ishigaki.okinawa.jp/material/files/group/33/ikensho-12-19-28.pdf

（13）「安保戦略」26-27.

（14）日本経済新聞２０２３年2月15日付朝刊

（15）村山祐三・同志社大学名誉教授、「［研究レポート］経済安全保障法の意義と課題」、日本国際問題研究所「経済・安全保障リンケージ」研究会　FY２０２２―1号、２０２２年5月13日。https://www.jiia.or.jp/research-report/economy-security-lincages-fy2022-01.html

（16）２０２２年5月12日付朝刊、日本経済新聞「社説」「企業の活力そがずに経済安保の強化を」、産経新聞「主張」「効果的運用で備え強化を」。

（17）日米経済政策協議委員会共同声明・２０２２年行動計画（２０２２年7月29日）。https://www.mofa.go.jp/mofaj/files/100376269.pdf

（18）林芳正外相臨時記者会見（ワシントン）。https://www.mofa.ga.jp/mofaj/ess/kaiken/kaiken6_000103.html

（19）U.S.Department of Commerce,September9,2022, https://www.commerce.gov/news/press-releases/2022/09/united-states-and-indo-pacific-economic-framework-partners-annouce-negotiation-objectives

（20）Global Times editorial:Washington weaponizes IPEF even before it takes shape. September 09,2022, https://www.globaltimes.cn/page/202209/1274975.shtml

第8章　覚醒できるか日本

第1節　「日本の禍機」の訴え

100年以上前、日清、日露戦争後の日本の大陸進出の様相を憂いた名著がある。当時、米国イェール大学教授であった朝河貫一博士の「日本の禍機」（明治42年＝1909年刊）である（1）。朝河は1873年（明治6年）生まれ、福島県安積中学校、東京専門学校（後の早稲田大学）をともに首席で卒業後、米名門校のダートマス大学を経てイェール大学大学院で封建制度の研究で博士・教授、世界的比較法制史の大家として活躍、太平洋戦争中も抑留されずに教授として留まり、戦後の1948年（昭和23年）に現地で亡くなった。

1　二大外交原則に背く

歴史学者としての朝河が日本人に直接訴えたのは、日清（1894～95年）、日露（1904～05年）戦争という当時の世界帝国を相手に勝利して日本が欧米の列強に伍して朝鮮半島、中国大陸に進出して以来の日本の外交、軍事政策が「国運」にもたらす重大な危機であった。日露ポーツマス条約で日本が清帝国の領土保全と列国の機会均等の「二大原則」を東洋（アジア）政策の根本と称しながら、自らこれに背いており特に満州（現中国東北部）においてそれが顕著に現れた。

当時の列国が「支那（中国）を苦しめて自利を計る政策を旧外交」、「支那の主権を尊重しつつ経済的競争の機会均等を謀（はか）るを新外交」と呼ぶならば、日本は日露戦争の勝利後「新外交の二大原則を樹立した」にもかかわらず、同時に「南満州において旧外交の利権を得た」。「新旧の矛盾撞着は満州において最も著しく」と、南満州鉄道に絡む利権をはじめとする数々の「私曲（よこしまで不正な態度＝朝河のキーワードの一つ＝由良注）」を推し進めるならば、清国と欧米を正義の側に立たせることが「日本の最も恐るべきこと」と警告したのであった(2)。

朝河が最も恐れたのはこのような日本の大陸政策が米国の新外交戦略と真っ正面からぶつかり、日米戦争に発展する可能性への危惧であった。米国は1899年、ジョン・ヘイ国務長官が門戸開放政策（Open Door Policy）を宣言（第1章第1節の注4）した。「支那においては機会均等の主義を守るべきこと」を各国に通告したのは、その前年の1898年に米国がスペインとの戦争（米西戦争）の勝利でフィリピンを支配、中国の隣国となったためである。さらにフィリピンと米本土の間にあるハワイ王国も併合して、「太平洋国家」となった。米国にとって中国市場は欧州列強に遅れてきたものの、植民地もなく巨大市場の「開放」を要求をする絶好の機会でもあったのだ。

満州問題の重大性とは、日本の満州政策が変わらなければ、「日本は速やかに世界に孤立し、清国を我が敵とし、かつ他の強国（米国を指す）に頼らしめ、日本が東洋の平和及び進歩を妨げる張本人とせらるるにいたらんこと」[3]と朝河は説く。

2　日米戦争を予言

そして国運の危機とは、「日本国が東洋の平和を攪乱し、世界憎悪の府となり、国勢頓（とみ）に逆運に陥るべきことこれなり」と喝破した。つまり日本自ら「これら（領土保全、機会均等）の原則を犯して……ついに清国をして我に敵抗せしめ、米国等をして東洋の正理（正しい道理）擁護者たらしむべきこと」であると言う。そして日本が清国や米国と戦うことになれば「その戦争は……世に孤立せる私曲の国、文明の敵として戦うもの」にならざるを得なくなる。その戦争の大義名分は清や米国側にあり、それが日本の危機だというのだ。その上で、欧米人の見方を紹介する形で朝河は、東洋にこのような大乱が起こることが「今後数年を出じと断言するもの少なからず」とまで言い切った[4]。三十数年後の太平洋戦争勃発まで見通した恐るべき予言であった。

朝河が日本国民に最も強く訴えたのは、清国をめぐる日米関係であった。その中心が満州問題である。日本が清国の主権尊重と機会均等に二大原則に基づく「新外交」を行えば米国は日本にとって強力な協力国になる。反面、そうでなければ米国が日本に取って代わって任務として引き受ける。日本が「旧外交」を方針とするなら米国が日本の敵となる可能性を強く示唆したのである。

このような米国の外交政策の背景として朝河は経済的、地理的、歴史的背景を挙げた。中国大陸は既に米国の綿製品、穀物などの輸出先として重要な市場となっており、「市場開放」の圧力が高まっていた。さらにフィリピン、ハワイの併合で米国は「支那の隣国」になり「東洋に関していよいよ明白な発言権を得た」からである。米国が自らを「太平洋国家なり」と宣言した背景はここにある。ヘイ国務長官の「門戸開放宣言」は列強に対して機会均等の原則を周知させ、北清事変（義和団事件）の処理に当たってもこの原則を交渉の基礎とさせたことを指摘している。米西戦争の結果、米国がカリブ海進出、アジアではフィリピン、グアムの領有を果たし「世界的強国（World Power）」としての地位を確立したことも米国のアジア進出の背景にあった。「門戸開放宣言」もここから生じ、「米国の支那における重大の地位またこれより来たれり」(5)と指摘した。

3　大隈重信首相への手紙

日本は第一次世界大戦（1914～1918年）に山東半島膠州湾のドイツ租借地の引き渡しなどを要求し参戦した。日本は1915年1月、中国の主権を侵害する内容の「21ヵ条要求」を突きつけ、日本の「最後通牒」が渡された5月7日は中国人が「国辱の日」とする反日運動の原点になった[5]。朝河は早稲田の先輩であり留学に当たり援助を受けた当時の大隈重信首相に5月24日付けで憂国の手紙を送った。この中で朝河は対中外交の「最大要件は、両国が歴史上、地理上共同の命脈を有し、経済的・政治的にこの共同の命脈益々深くなること」にあると述べ、日中外交の基本路線として共利共進、東洋の平和、東西協調の三原則を挙げて新しい外交を提唱した[6]。

4　ルーズベルト大統領への親書運動

日中戦争と日本軍の仏印進駐などをめぐり日米関係が緊張を高める中、朝河は米国の友人を介してルーズベルト大統領から天皇宛ての親書発出運動に乗り出していた。日米開戦直前の１９４１年11月23日付けで長文の英文親書を書き上げ、ハーバード大学の友人に託してホワイトハウスや国務省、議会、米軍部の要人に働き掛けを続けた。大統領は既に同年10月に親書の草案をハル国務長官に回付し最高レベルでの検討が進められていた。ワシントンでは日米交渉が最終局面を迎えており、朝河の「親書案」はこのぎりぎりの段階で作成されたのだった。

実際の大統領親書は朝河が期待したものとは異なり、米国はいかなる征服にも反対し、戦争状態の拡大を阻止する決意をはっきりさせたものになっていた。それが天皇に送られたのは12月6日午後（日本時間12月7日午前）になってからで、電報がジョセフ・C・グルー駐日大使に配達されたのは午後10時過ぎ、大使が東郷茂徳外相に拝謁を依頼したのは8日午前零時30分ごろであった。日本軍は太平洋上から艦載機が発進、8日午前3時（日本時間）ハワイの真珠湾攻撃が開始され、日本は破滅を招く対米戦争に突入したのだった(7)。

朝河貫一が口を酸っぱくして日本国民に訴えかけてきたのは、米国と中国の間のアジア太平洋に位置する日本の運命は日米中3ヶ国関係によって決定付けられるということであった。これは朝河の警告から100年後の21世紀の現在も変わらないという現実を直視しなければ、太平洋戦争で国民に310万人もの犠牲者を出し、その家族を含めて全国民が苦難の道を歩んだ戦争の歴史を学んでこなかったということになる。日米両国が戦争をしたことすら知らない世代が増えているという今日敢えてこのようなことを書くのは、戦争末期、米軍の空襲に脅かされた東京からの厳しい疎開生活、家を焼け出された敗戦後の混乱期を通じて戦争の悲惨さを少年時代の筆者自身が実感してきたからでもある。

第2節　どこへ行く日本　―欠ける戦略思考―

日米和親条約（1853年）で日本が開国の一歩を踏み出し260年間続いた徳川幕府は幕を閉じた。それから約80年後、その米国との戦争で敗北して大日本帝国は終焉を迎えた。「新生日本」は日米と同盟関係を結び、それは日本外交の「基軸」となった。「日米中」の三角関係の「日中」関係は中国共産党政権が国民党政府を台湾に追い払い、国連の常任理事国として国際政治の主導権の一角を占め、世界的な影響力をますます強めてきた。特に強権主義的な傾向を強める習近平指導部の下で「尖閣」に代表されるような日本の主権侵害を「堂々と」強めている。中国の経済的、軍事的膨張と摩擦の強化に伴って「米中」関係は米トランプ政権以来一層緊張を強めてきた。しかも中国はロシアと組んで米国が主導して構築してきた戦後秩序の改変を目指して世界的な工作活動を展開している。今や、第2次大戦終結以来の「戦後体制の終焉」すら語られる不確実性の時代に突入している。朝河貫一が訴えた「日米中関係」の重要性は今でも変わらないが、その中身は100年前とは様変わりである。

1　染みついた対米依存症候群

時代の「歴史的転換期」に日本はどこへ向かって進むのか？　その前に日本の対米、対中外交に現れた「欠陥」に触れておきたい。

第一は対米依存心理の強さである。第2次大戦の敗戦と米軍による占領統治が根深い対米依存心理を政治家だけでなく国民に深く染み込ませた。旧日本軍の解体、軍隊を認めない新憲法草案、日本の伝統文化を否定する学校教育に至るまで占領政策は支配し、日本人の心理形成にまで影響した。「長いものには巻かれろ」の伝統的な精神風土と相まって根深い対米依存症候群となってしまった。それが独立国家の国民として当然の自立心や自尊心の欠落となる。1990年のイラクによるクウェート侵攻の湾岸戦争当時、米国から自衛隊の派遣を要求されたが、多国籍軍に加わらず1兆2400億円（国民一人当たり1万円）の国費を差し出して「協力」の印とした。しかし、戦後クウェートによる感謝の新聞広告に日本の名前だけはなかった。軍事侵略に対する国際支援のために自衛隊を出さずに「カネ」で済まそうとする商人的発想は、犠牲を払ってでも世界平和を維持するという崇高な使命感の欠如を物語るのに十分であった。しかも、日本政府のやり方は「小出し、遅すぎる（too little, too late）」と国際的な嘲笑の的になった。戦争終結後、日本は機雷掃海のため海上自衛隊の掃海艇を派遣したが、正に「遅すぎた」のであった。

2　抜けきれぬ対中贖罪意識

第二に「対中贖罪（しょくざい）意識」が抜け切れていないことである。それが中国に対する「弱腰外交」に現れている。日本は中国大陸で「15年戦争」と言われる長い戦争を続けてきた。この間に中国人に相当数の被害を出したことは認めなければならない。しかし、戦域は中国だけでなく東南アジア、インド、太平洋全域に至るまで広がり敵味方を問わず犠牲者が出た。これが戦争である。敗戦国の日本は連合国とのサンフランシスコ平和条約で独立を回復、対日平和条約に加わらなかった中華人民共和国とは日中平和友好条約で決着を付けた。賠償金の代わりに巨額の円借款を含む対中経済協力を実施（総額3兆円）して国交正常化を果たした。しかし、日本国内では野党のみならず政権与党の自民党、公明党を含めた主要政党の政治家が中国に対して、日本国益の観点から当然の強い主張をしない融和的姿勢を取り続けてきたことは周知のことである。尖閣諸島に対する中国による主権の侵害や、理由を明らかにしない相次ぐ邦人の拘束に対して首脳、外相会談などの公開の場で面と向かって中国側を厳しく批判し、原状回復を要求したのを見たことがない。これが米国の対中外交姿勢と全く違うのである。２０１０年の中国漁船衝突事件で船長を巡視船が逮捕しながら、民主党政権の菅直人首相が釈放させたことはその典型である（第5章参照）。

3　「護憲の罠」から抜け出せ

第三に「護憲の罠」である。「平和を愛する諸国民の公正と信義に信頼して、我らの安全と生存を保持しようと決意した」憲法前文を金科玉条として、「平和外交」を選挙で主張するほど「浮き世離れ」した政治の実相は世界に例を見ない。尖閣問題も然り、ロシアのウクライナ侵略も然り。攻撃側に立つ国からすればこんな「扱いやすい国」はないのだ。外交で解決しないから武力で威嚇し侵略し、果ては核兵器を配備し、使用の脅しまで公然と口にする国を相手に「平和主義」は通用しないのだ。自衛力を十分に備えず抑止力がない国を侮って武力の行使に出るのは歴史が証明している。

国会の憲法審査会の改憲論議は遅々として実質的な審議が進まず、そうしている間に北朝鮮による核兵器・弾道ミサイルの開発は猛スピードで進んだ。安倍晋三内閣で集団的自衛権の限定的行使の道を開いたが、それでも憲法上、国防のための組織（自衛隊）を明記していない以上、自衛隊の活動は国際標準の軍隊並にならない。憲法を改正して日本の国を日本人自身が守る、国際平和を維持するためには同盟国とも協力して自衛隊が堂々と海外で活躍する法的立場を与える、そのために憲法を改正することは独立国として当然すぎることだ。いつまでも「護憲の罠」にはまったままでは、日本は戦略思考に無縁の国であり、乱れが加速している国際秩序の維持に積極的な国とは見なされない。国際関係に「甘え」が入り込む余地はない。このままでは唯一の同盟関係にある米国からもいつか「三行半（みくだりはん）」を突き付けられることが「想定外」でなくなる日も来るだろう。

単独で政権を維持できなくなった自民党は、民主党政権の3年間を除いて公明党との連立政権を20年以上も続けてきた。憲法や安全保障など国家の基本政策で主張が異なる自公の連立政権で公明党は自民党本来の政策遂行に「ブレーキ役」を果たし、その結果として日本は政治的妥協による中途半端な政策決定を重ねてきた。世界は国際法違反の大国の振る舞いで第2次大戦後続いてきた秩序が目の前で崩れつつある。国家存亡の危機に直面した時、国土と国民を守るために迅速に有効な対応が取れるかどうかの瀬戸際に日本は立っているのだ。日本社会自体のパラダイムシフトが今ほど求められている時はない。

（1）朝河貫一「日本の禍機」（1909年）／由良君美校訂・解説。日本の読者向けに日本語で公刊された。講談社学術文庫784（1987年版）による。
（2）同書、40-41, 65.
（3）同書、121.
（4）同書、136-137.
（5）同書、186.
（6）朝河貫一の大隈重信宛書簡（1915年5月24日）。阿部善雄「最後の『日本人』―朝河貫一の生涯―」（1983年、岩波書店）。311-315.
（7）朝河による大統領親書発出運動については、上記、阿部書第9章に詳しい（205-218）。巻末に朝河による「大統領親書案」（英文）が付されている。同書は朝河の一生涯を膨大な原資料に基づいて詳述した名著である。この中で「日本の禍機」の命名について、筆者は朝河の論旨が将来にわたる日本の危機（crisis）の原因を指摘したものであったため、原稿を読んだ坪内逍遙（「早稲田文学」創刊の小説家、劇作家）が単に「危機」とせず、広い意味を示す「禍機」という言葉を選んだと解説している（65-66.）。

あとがき

オーストラリアに旅行した十数年前のこと、観光船の上で年配の日本人に話しかけられた。「ボクは小学校を出てないんですよ」。一瞬、驚いたが、こちらも「私も小学校に入れませんでした」と返した。私は1945年(昭和20年)に疎開先の香川県下で「国民学校」に入学した。彼は国民学校卒業だったから何歳かは年長者だったはずだ。日本は私が生まれた1938年(昭和13年)に国家総動員法を公布、国の全ての資源を政府が統制できる戦時体制に入っており、小学校を廃止した国民学校令が対米戦争に突入する1941年(昭和16年)の春に公布されたのだった。

その数年後、長期滞在していたシンガポールのバスの中で現地の高齢男性から日本語で「私は日本軍の少年兵でした」と声をかけられた。日本軍はハワイの真珠湾攻撃に先立って南方のマレー半島に上陸、英帝国軍の戦略拠点であったシンガポールを翌年2月に占領、終戦まで軍政を敷いた。その男性も当時軍事訓練を受けたのであったろう。同地は中国系住民が大多数を占め反日感情が戦後も強かったと聞いていたので、にこやかな接しぶりに驚いたものであった。

半世紀前、現役の政治記者をしていたころ、自民党でお互いに対立する有力派閥で後の総理になる有力政治家それぞれのお宅に「朝駆け」でお邪魔した。詰めかけた記者達にも振る舞われたのは目刺しに漬け物、味噌汁の「一汁一菜」の質素な朝餉（あさげ）であった。戦中、戦後の食糧難の時代が思い出された。日本の戦争時代も遠くに去った。しかし、戦争が世界からなくなったわけではない。それどころか、日本の敗戦5年後には朝鮮戦争が勃発、中東戦争、ベトナム戦争、湾岸戦争から2022年に始まったウクライナ戦争に至るまで惨禍は尽きることなく、ロシアによる核使用の可能性まで危惧されるエスカレートぶりである。

21世紀に入ってからの二十数年間をとっても、世界潮流の変化の激しさに驚くばかりである。激流に押し流されずに物事の本質を見分けることは難しい。歴史観と大局観に基づいた揺るがぬ視座を固めて観察を続けることで少しでも誤った見方を避ける努力がいつの時代にも欠かせない。日本人の内向き志向が強まったと言われて久しい。長期海外留学する若者の大幅減少も気掛かりだ。さまざまな分野で日本に貢献できる有能な外国人の入国にも政策的な規制でブレーキをかけてきた。新型コロナウイルスの世界的流行がそれに輪をかけた。その傾向が続けば、自分の狭い世界に閉じこもって将来の日本を背負うべき人材が育たず、国際的な視野と世界に広がる人脈を築く大事な機会が奪われる。「井の中の蛙（かわず）大海を知らず」になって国際社会と日本の関わりへの関心と、あらゆる分野での世界的ネットワーク作りの努力を失っては、独創的な力を発揮して日本が生き残る道が閉ざされてしまうと恐れている。

筆者は以上のような問題意識を持って、共同通信社退職後の四半世紀に雑誌など定期刊行物、英字紙THE JAPAN TIMESのオピニオン・ページ、外交・安全保障問題の民間政策研究機関である日本国際フォーラム（JFIR）のe－論壇「百花斉放」等に書き続けて来た。論評の場を提供して下さった関係機関、各方面でお世話になった日本放送協会（NHK）、西日本新聞社、静岡新聞社はじめ共同通信社加盟社の方々に深甚なる謝意を表します。本書はこれまでの論考を経て全く新たな視点で書き下ろしたものである。引用した既刊書や論文のほか共同声明、要人の発言などの文言はできる限り原典や公式記録に基づいた。文献の著者の肩書きは当時のものである。本文の用字用語は共同通信社『記者ハンドブック』（第13版）に準拠した。本稿の査読には研究者である長男を煩わし有益な助言を得たことはありがたい。文責は執筆者本人にある。4年以上に及ぶ執筆作業中の著者を支えてくれた家族にも感謝したい。本書の出版に当たっては三省堂書店営業推進部の高橋淳課長、出版事業担当編集者の山口葉子氏に懇切なご協力を頂いた。厚く御礼申し上げます。

２０２３年８月

鍋嶋敬三

著作目録(署名付)

【単行本(共著】

松本克美編『在日米軍—安保体制下の基地の実態—』三一新書661、1969年8月15日。


【雑誌・定期刊行物】

「日本の潮・日中条約と福田政権」『世界』1978年5月号。

「統一地方選と新たな報道課題」日本新聞協会『新聞研究』No.383.1983年6月号。

"Political Leadership Essential for Rebuilding Japan-U.S.Alliance",
The Future Development of Japan-U.S.Relations (Cover Story),17-21. *JOURNAL OF JAPANESE TRADE & INDUSTRY,* May/June 2001(117TH ISSUE) Vol.20 No.3(ISSN 0285-9556), Japan Economic Foundation.

JCCI Weekly Report COMMENTARY(Japanese Chamber of Commerce and Industry of New York, INC.) 1997.9.17(Vol.13 No.36)~1998.10.21 (Vol.14 No.38), Kyodo News International, INC.(New York)配信。

Kyodo Weekly(株)共同通信社。

「総合外交戦略の構築目指せ」1998年10月5日。

「長期展望に立ったアジア戦略構想を」1999年4月12日。

「自主性強める日本に圧力」1999年8月9/16日。

「米国は国際ルールを守るべきだ—柳井俊二新駐米大使に聞く—」1999年9月13日。

「地域安定に重層的アプローチ—ミレニアム日本外交の課題」2000年1月17日。

「日本はグランドデザイン描け—米、アジア戦略再構築」2000年4月17日。

「世界秩序創造に積極参加を—小和田恒・日本国際問題研究所理事長に聞く—」2000年9月4日。

【新聞】
THE JAPAN TIMES—OPINION PAGE COLUMN—218回掲載。
(001)OKINAWA Vote is just the start(November 23, 1998)~(218) The risks of not acting bold(April 2, 2007).

【電子メディア】

公益財団法人・日本国際フォーラム(JFIR)、e-論壇『百花斉放』306回寄稿。(001)「管見・日米同盟」2007年3月7日(DBNo.362)~(306)「G7結束固め新興国へ関与強化」2023年5月22日(DBNo.5506)。

THE JAPAN FORUM ON INTERNATIONAL RELATIONS, INC
英文『JFIR Commentary』10回掲載(2008.2.1~2020.9.23)。

(注)(社)共同通信社在職中、加盟社向けに出稿した署名原稿、また退職後の新聞等への無署名記事は含まない。

鍋嶋 敬三（なべしま けいぞう）

1938年（昭和13年）東京生まれ。1961年（昭和36年）東北大学経済学部卒業、社団法人共同通信社入社。名古屋、静岡で勤務。本社社会部、政治部、米フルブライト留学を経てワシントン特派員（1973～76年）。政治部次長、整理部長、静岡支局長、本社秘書室長、経営戦略委員会委員長、福岡支社長、KK共同通信社取締役情報企画局長、論説委員長。1998年（平成10年）定年退社。評論家。

パラダイムシフトと日本の針路
―動乱の世界を生き残れるか―
外交ウオッチャーの目

2024年3月13日　初版発行

著者
鍋嶋 敬三

発行・発売
株式会社 三省堂書店／創英社

〒101-0051　東京都千代田区神田神保町1-1
Tel：03-3291-2295　Fax：03-3292-7687

印刷・製本
株式会社 ウイル・コーポレーション

ISBN978-4-87923-237-3 C0031